www.ingramcontent.com/pod-product-compliance
Lightning Source LLC
LaVergne TN
LVHW010319070526
838199LV00065B/5609
9789358724660

ترجمہ اشرفی

(مصنف کی ہی کتاب 'سید التفاسیر' میں شامل ترجمہ قرآن مجید)

حصہ ۵، سورۃ الأحزاب تا محمد

سید محمد مدنی اشرفی جیلانی

جمع و ترتیب : اعجاز جبید، محمد عظیم الدین

© Taemeer Publications LLC

Tarjuma Ashrafi (Quran Urdu Translation) – Part:5

by: Syed Mohammed Madani Ashrafi

Edition: November '2024

Publisher :

Taemeer Publications LLC (Michigan, USA / Hyderabad, India)

ISBN 978-93-5872-466-0

9 789358 724660

مترجم یا مرتب یا ناشر کی پیشگی اجازت کے بغیر اس کتاب کا کوئی بھی حصہ کسی بھی شکل میں بشمول ویب سائٹ پر اَپ لوڈنگ کے لیے استعمال نہ کیا جائے۔ نیز اس کتاب پر کسی بھی قسم کے تنازع کو نمٹانے کا اختیار صرف حیدرآباد (تلنگانہ) کی عدلیہ کو ہو گا۔

© تعمیر پبلی کیشنز

کتاب	:	**ترجمہ اشرفی** (سورہ الاحزاب تا محمد)
مترجم	:	**سید محمد مدنی اشرفی جیلانی**
جمع و ترتیب	:	اعجاز عبید، محمد عظیم الدین
صنف	:	ترجمہ قرآن
ناشر	:	تعمیر پبلی کیشنز (حیدرآباد، انڈیا)
سالِ اشاعت	:	۲۰۲۴ء
صفحات	:	۲۲۰

فہرست

۳۳۔ سورۃ الأحزاب............... 1

۳۴۔ سورۃ سبا............... 21

۳۵۔ سورۃ فاطر............... 35

۳۶۔ سورۃ یٰس............... 47

۳۷۔ سورۃ الصافات............... 61

۳۸۔ سورۃ ص............... 80

۳۹۔ سورۃ الزمر............... 95

۴۰۔ سورۃ غافر/ مؤمن............... 113

۴۱۔ سورۃ فصلت/ حٰمٓ السجدہ............... 133

۴۲۔ سورۃ الشوریٰ............... 146

160	٤٣- سورة الزخرف
177	٤٤- سورة الدخان
185	٤٥- سورة الجاثية
194	٤٦- سورة الأحقاف
205	٤٧- سورة محمد

۳۳۔ سورۃ الأحزاب

نام سے اللہ کے بڑا مہربان بخشنے والا O

۱.   اے نبی! ڈرتے ہی رہو اللہ کو، اور مت کہنا ماننا کافروں اور
منافقوں کا۔ بیشک اللہ علم والا حکمت والا ہے۔ O

۲.   اور پیروی کرتے رہو جو وحی کی جائے تمہاری طرف
تمہارے رب کی طرف سے۔ بیشک اللہ جو کچھ تم کرو اس سے خبر دار
ہے، O

۳.   اور بھروسہ رکھے رہو اللہ پر۔ اور کافی ہے اللہ کارساز۔ O

۴۔ نہیں بنایا اللہ نے کسی شخص کے لئے دو دل اس کے اندر۔ اور نہ بنایا تمہاری بیبیوں کو جنہیں تم ماں کہو، تمہاری مائیں۔ اور نہ بنایا تمہارے لے پلکوں کو تمہارے بیٹے۔ یہ تو تمہاری بول ہے اپنے منہ سے۔ اور اللہ بولتا ہے حق، اور وہ دیتا ہے راہ۔ O

۵۔ انہیں پکارو، انہیں کے باپ کا کہہ کر، یہ بڑا انصاف ہے اللہ کے نزدیک۔ تو اگر نہ جانو ان کے باپ کو، تو وہ تمہارے بھائی ہیں دین میں، اور تمہارے اپنے ہیں۔ اور تم پر اس میں کچھ گناہ نہیں، جو بے جانے بوجھے تم سے صادر ہوئے۔ ہاں وہ گناہ ہے جو جان بوجھ کے کرو۔ اور اللہ غفور رحیم ہے۔ O

۶۔ آنحضرت بہتر مالک، قریب ہیں ایمان والوں کے ان کی جان سے زیادہ، اور ان کی بیبیاں مسلمانوں کی مائیں ہیں اور رشتہ دار لوگ، کوئی زیادہ قریب ہے کسی سے اللہ کے لکھے میں دوسرے مسلمانوں اور مہاجروں سے، مگر یہ کہ کرو اپنے دوستوں کی طرف کوئی احسان۔ یہ کتاب میں لکھا ہوا ہے۔ O

۷.　اور جب کہ لیا ہم نے نبیوں سے ان کا مضبوط عہد اور تم سے اور نوح و ابراہیم و موسیٰ و عیسیٰ ابن مریم سے، اور لیا ہم نے ان سے گاڑھا عہد، O

۸.　تاکہ دریافت فرمائے سچوں سے ان کی سچائی کو اور تیار فرما لیا کافروں کے لئے دکھ والا عذاب۔ O

۹.　اے ایمان والو! یاد کرو اللہ کی نعمت کو اپنے اوپر، جب آئے تمہارے پاس بہت سے لشکر، پھر بھیج دیا ہم نے ان پر ایک ہوا، اور ایسا لشکر کہ تم لوگوں نہ دیکھا جنہیں۔ اور اللہ، جو کرو اس کا دیکھنے والا ہے۔ O

۱۰.　جب آئے تم پر، تمہاری بلندی پر سے، اور تمہارے نشیب سے، اور جب کہ جھپک کر رہ گئیں آنکھیں، اور چڑھ آئے دل گلوں تک، اور تم لوگ گمان کرنے لگے اللہ کے ساتھ طرح طرح کے گمان O

۱۱.　اس وقت آزمائے گئے تھے ایمان والے، اور ہلائے گئے تھے سخت O

۱۲.　اور جب بول پڑے منافق لوگ، اور جن کے دل میں بیماری ہے کہ "نہیں وعدہ کیا ہم سے اللہ اور اس کے رسول نے، مگر دھوکے کا" O

۱۳.　اور جب بکنے لگا ایک گروہ ان کا کہ "اے یثرب والو، یہاں کوئی ٹھکانہ نہیں ہے تمہارا، تو گھر واپس جاؤ۔" اور اجازت لینے لگا ہے ایک گروہ ان کا نبی سے۔ کہتے ہیں کہ "ہمارے گھر بے پناہ ہیں۔" حالات وہ بے پناہ نہیں۔ وہ نہیں چاہتے مگر بھاگ جانا۔ O

۱۴.　اور اگر فوجیں گھس پڑتیں ان پر مدینہ کے ہر طرف سے، پھر کہے جاتے یہ لوگ فتنہ برپا کرنے کو، تو ضرور اسے کر گزرتے، اور نہ دیر کرتے اس سے مگر تھوڑی۔ O

۱۵. حالانکہ بلاشبہ عہد کر چکے تھے اللہ سے پہلے ہی کہ ''نہ پھیریں گے پیٹھ۔'' اور اللہ سے عہد کا سوال ہوگا۔ O

۱۶. کہہ دو کہ ''ہرگز کام نہ دے گا تمہیں بھاگنا، اگر مت بھاگے موت سے یا مارے جانے سے، اور اب بھی رہنے نہ دئیے جاؤ گے مگر کچھ''۔ O

۱۷. پوچھو کہ 'کون ہے جو بچائے تمہیں اللہ سے؟ اگر اس نے چاہا تمہارے لئے برائی، یا چاہا تم پر رحمت۔'' اور نہ پائیں گے اپنے لئے اللہ کے خلاف کو، یار نہ مددگار۔ O

۱۸. بیشک جانتا ہے اللہ، جو روکنے والے ہیں تم میں سے اور جو کہنے والے ہیں اپنے بھائیوں کو کہ 'آؤ ہماری طرف'' اور نہیں آتے لڑائی کو مگر تھوڑے۔ O

۱۹. جان چراتے ہوئے تمہاری مدد میں۔ پھر جب خوف پیش آ گیا، تو تم نے دیکھا انہیں کہ نظر کرتے ہیں تمہاری طرف، گھومتی

پھرتی ہیں ان کی آنکھیں، جیسے جس پر موت چھا جائے۔ پھر جب چلا گیا خوف، تو گھس پڑے تم لوگوں میں تیز زبان لے کر، للچاتے ہوئے مال پر۔ یہ لوگ ایمان نہیں لائے، تو ملیا میٹ کر دیا اللہ نے ان کے عملوں کو۔ اور یہ اللہ کو آسان ہے۔ O

۲۰.   یہ لوگ خیال کر رہے ہیں کہ "سارے دشمن لشکر والے نہیں بھاگے۔" اور اگر وہ سارے لشکر اب آ جائیں تو یہ چاہیں گے کہ کاش ہوتے گاؤں کے دیہاتوں میں دریافت کیا کریں تم لوگوں کی خبریں اور اگر تمہیں میں رہتے، تو بھی لڑائی کو نہ آتے مگر تھوڑے۔ O

۲۱.   یقیناً تمہارے لئے اللہ کے رسول میں اچھا نمونہ ہے اس کے لئے، جو امیدوار رہا اللہ کا اور پچھلے دن کا، اور یاد کرتا رہا اللہ کو بہت۔ O

۲۲.   اور جب دیکھا ایمان والوں نے ان سارے لشکروں کو، کہنے لگے کہ "یہ ہے جس کا وعدہ فرمایا ہم سے اللہ اور اس کے رسول نے،

6

اور سچ فرمایا اللہ اور اس کے رسول نے۔ '' اور نہیں بڑھا ان کا، مگر ایمان و نیاز مندی O

۲۳. مسلمانوں میں وہ مرد میدان ہیں، کہ سچ کر دکھایا جس کا عہد کیا اللہ سے۔ تو کسی نے پوری کر لی۔ اپنی منت، اور کوئی انتظار کر رہا ہے، اور وہ کچھ بھی نہ بدلے O

۲۴. تاکہ ثواب دے اللہ سچوں کو ان کی سچائی کا، اور عذاب دے منافقوں کو اگر چاہے، یا توفیق توبہ دے انہیں۔ بیشک اللہ غفور رحیم ہے۔ O

۲۵. اور پلٹ دیا اللہ نے جنہوں نے کفر کیا ان کی جلن کے ساتھ، نہ پائی انہوں نے کوئی بھلائی اور کافی رہا اللہ ایمان والوں کے لئے لڑائی میں اور اللہ قوت والا غلبہ والا ہے O

۲۶.	اور اتار دیا انہیں، جنھوں نے مدد کی تھی ان کے اہل کتاب سے، ان کے قلعوں سے، اور ڈال دیا ان کے دلوں میں ہیبت، کچھ کو تم لوگ قتل کرتے اور کچھ کو قید کرتے O

۲۷.	اور قبضہ دیا تمھیں ان کی زمین اور گھروں اور مالوں پر، اور اس زمین پر کہ تم نے قدم نہ رکھا جہاں۔ اور اللہ ہر چاہے پر قادر رہا O

۲۸.	اے آنحضرت! کہہ دو اپنی بیبیوں کو کہ ''اگر تم چاہتی ہو دنیاوی زندگی اور اس کی آرائش، تو آؤ میں سامان دے دوں تمھیں، اور چھوڑ دوں اچھی طرح O

۲۹.	اور اگر چاہتی ہو اللہ اور اس کے رسول کو اور پچھلے گھر کو، تو بیشک اللہ نے تیار کر رکھا ہے نیک بیبیوں کے لئے تم میں سے، بڑا ثواب۔'' O

۳۰. اے آنحضرت کی بیبیو! ''جو کر لائے تم میں سے کوئی کھلی نافرمانی، تو دونا کیا جائے گا اس کا عذاب ڈبل۔ اور یہ اللہ کو آسان ہے۔ O

۳۱. اور جو فرمانبردار رہے تم میں سے اللہ اور اس کے رسول کا، اور کرے کرنے کے کام، تو دیں گے ہم اس کا ثواب دونا، اور تیار کر لیا ہے ہم نے ان کے لئے عزت والی روزی۔ O

۳۲. اے آنحضرت کی بیبیو! ''تم نہیں ہو اور کسی عورتوں کی طرح، اگر خدا سے ڈرتی رہو، تو مت لوچ پیدا کرو بات کرنے میں للچائے وہ جس کے دل میں بیماری ہے، اور بولتی رہو اچھی بولی'' O

۳۳. اور ٹھہری رہا کرو اور اپنے گھروں میں اور نہ بن سنور کر پھرو اگلی جاہلیت کی طرح، اور پابند رہو نماز کی، اور دیتی رہو زکوٰۃ کو، اور کہا مانتی رہو اللہ اور اس کے رسول کا، یہی چاہتا ہے اللہ کہ دور کر دے تم

سے ہر ناپاکی کو، اے نبی (صلی اللہ علیہ و آلہ و سلم) کے گھرانو، اور پاک کردے تمہیں خوب۔ O

۳۴. اور یاد کرتی رہو جو تلاوت کی جاتی ہیں تمہارے گھروں میں اللہ کی آیتیں، اور حکمت، بیشک اللہ لطیف باخبر ہے۔ O

۳۵. اور سچے مرد اور سچی عورتیں، اور فرمانبردار مرد اور فرمانبردار عورتیں، اور خشوع والے مرد اور خشوع والی عورتیں، اور صدقہ دینے والے مرد اور صدقہ دینے والی عورتیں، اور روزہ دار مرد اور روزہ دار عورتیں اور اپنی شرم گاہوں کی نگہبانی کرنے والے مرد اور نگہبانی کرنے والی عورتیں، اور اللہ کو بہت یاد کرنے والے مرد اور یاد کرنے والی عورتیں، تیار کر لیا ہے اللہ نے ان کے لئے مغفرت، اور بڑے ثواب کو۔ O

۳۶. اور نہیں ہے کسی مومن نہ کہ مومنہ کو حق، جب کہ حکم دے دیا اللہ اور اس کے رسول نے کسی امر کا، کہ رہ جائے انہیں کچھ بھی

اختیار اپنے معاملہ کا، اور جو نافرمانی کرے اللہ اور اس کے رسول (صلی اللہ علیہ وآلہ وسلم) کی، تو بیشک بہ گیا علانیہ۔ O

۳۷. اور جب کہا کرتے تم اسے جس پر انعام فرمایا اللہ نے، اور انعام کیا تم نے کہ ''روکے رکھو اپنے ذمہ اپنی بیوی کو، اور ڈرا کرو اللہ کو'' اور چھپاتے رہے تم اپنے دل میں جس کو اللہ ظاہر کر دینے والا ہے، اور تم خیال کرتے تھے لوگوں کا، اور اللہ کا زیادہ حق ہے کہ اسی کو ڈرتے رہو، پھر جب پوری کر لی زید نے اپنی غرض اس سے، تو نکاح کر ہی دیا ہم نے تمہارا اس سے، تاکہ نہ رہ جائے مسلمانوں پر کوئی حرج اپنے منہ بولے بیٹوں کی بیبیوں میں اس وقت بھی، کہ پوری کر لی ان سے غرض، اور اللہ کا حکم ہو کر رہا۔ O

۳۸. نہیں ہے نبی پر کوئی حرج، اس میں جسے فریضہ بنایا اللہ نے ان کے لئے، اللہ کا دستور رہا ان میں جو گزرے پہلے، اور اللہ کا حکم تقدیر کا لکھا ہے۔ O

۳۹.	جو پہنچاتے رہے اللہ کے پیغاموں کو، اور ڈرتے رہے اسے، اور نہ ڈرے کسی کو اللہ کے سوا، اور اللہ کافی ہے حساب لینے والا۔ O

۴۰.	''نہیں ہیں محمد کسی کے بھی باپ تم مردوں سے، لیکن اللہ کے رسول (صلی اللہ علیہ و آلہ و سلم)، اور سارے نبیوں میں پچھلے زمانہ والے''۔ اور اللہ ہر ایک کو جانتا رہا۔ O

۴۱.	اے ایمان والو! یاد کرو اللہ کی، بہت یاد O

۴۲.	اور پاکی بولو اس کی صبح و شام۔ O

۴۳.	وہی ہے جو درود بھیجے تم پر، اور اس کے فرشتے، تاکہ نکال رکھے تمہیں اندھیروں سے روشنی کی طرف، اور وہ مسلمانوں کے لئے رحمت والا رہا O

۴۴.	ان کی دعائے ملاقات ہے، جب ملیں گے اس کو کہ ''سلام'' اور تیار کر رکھا ہے ان کے لئے باعزت ثواب O

۴۵۔ اے آنحضرت (صلی اللہ علیہ و آلہ و سلم)! بیشک بھیجا ہم نے تم کو ہر جگہ کا چشم دید گواہ، اور خوش خبری دینے والے، اور ڈر سنانے والے O

۴۶۔ اور بلانے والے اللہ کی طرف اس کے حکم سے، اور روشن کرنے والا سورج O

۴۷۔ اور خوش خبری دو ایمان والوں کو کہ "بلاشبہ ان کے لئے اللہ کی طرف سے بڑا فضل ہے"۔ O

۴۸۔ اور نہ کہا ماننا کافروں اور منافقوں کا، اور ان کے ایذاء دینے پر خود درگزر کر دو، اور بھروسہ رکھو اللہ پر، اور اللہ کافی کارساز ہے O

۴۹۔ اے ایمان والو! جب نکاح کر لیا تم نے ایمان والی عورتوں سے، پھر طلاق دے دی انہیں، قبل اس کے کہ انہیں ہاتھ لگاؤ، تو نہیں ہے تمہارے لئے ان پر کچھ عدت، کہ تم اسے شمار کرو، تو انہیں کچھ پونجی دے دو اور چھوڑ دو خوبی سے O

۵۰.	اے آنحضرت (صلی اللہ علیہ و آلہ و سلم)! بیشک حلال کر دیا ہم نے تمہارے لئے تمہاری بیبیاں، جن کا مہر تم دے ہی چکے، اور جن پر مالکانہ قبضہ کر لیا تمہارے ہاتھوں نے، جنہیں مال غنیمت میں دیا تمہیں اللہ نے، اور تمہارے چچا کی بیٹیاں اور تمہاری پھوپھی کی بیٹیاں، اور تمہارے ماموں کی بیٹیاں اور تمہاری خالہ کی بیٹیاں، جنہوں نے ہجرت کی تمہارے ساتھ، اور ایمان والی عورت، اگر وہ دے ڈالے اپنے کو آنحضرت (صلی اللہ علیہ و آلہ و سلم) کے لئے، اگر چاہا آنحضرت (صلی اللہ علیہ و آلہ و سلم) نے بھی، کہ نکاح کر لیں اس سے۔ صرف تمہارے لئے ہے سارے مسلمانوں سے الگ، بیشک ہم نے جان لیا جو مقرر کر دیا ہے ان پر ان کی بیبیوں کے بارے میں، اور ان کی لونڈیوں کے بارے میں، تاکہ نہ رہ جائے تم پر کوئی تنگی، اور اللہ غفور رحیم ہے O

۵۱.	ہٹائے رکھو جس کو چاہو ان میں سے، اور ٹھکانہ دو اپنے پاس جس چاہو، اور جس کی تم نے خواہش کی ان میں سے جنہیں معزول کر دیا

تھا، تو تم پر کوئی حرج نہیں ہے، یہ زیادہ قریب ہے کہ ٹھنڈی ہوں ان کی آنکھیں، اور نہ رنج کریں اور خوش رہیں، جو کچھ دے دیا تم نے، سب کی سب، اور اللہ جانتا ہے جو کچھ تم لوگوں کے دلوں میں ہے اور اللہ علم والا حلم والا ہے O

۵۲.   نہیں حلال ہیں تمہیں عورتیں ان کے بعد، اور نہ یہ کہ ان کی جگہ پر لاؤ دوسری بیبیاں، گو اچھی لگے تمہیں ان کی خوبصورتی مگر تمہارے ہاتھ کی مقبوضہ، اور اللہ ہر چیز پر نگہبان ہے O

۵۳.   اے ایمان والو! مت اندر جاؤ آنحضرت (صلی اللہ علیہ وآلہ وسلم) کے گھروں میں، مگر یہ کہ اجازت دی جائے تمہیں کھانے کی۔ نہ پہلے سے انتظار کرتے ہوئے پکنے کا، لیکن جب تم پکارے جاؤ تو اندر جاؤ، پھر جب کھا چکے تو نکل پھیلو، اور بغیر دل بہلاتے ہوئے باتوں میں، بلاشبہ تمہارا یہ طریقہ تکلیف دیتا تھا آنحضرت کو، تو وہ لحاظ کرتے تم لوگوں سے، اور اللہ نہیں شرماتا ٹھیک بات بتانے سے، اور جب مانگا بھی تم نے ان سے کوئی سامان، تو مانگو ان سے پردے

کے باہر سے، یہ زیادہ پاکیزہ ہے تمہارے دلوں کے لئے، اور ان کے دلوں کے لئے، اور تمہیں جائز نہیں کہ تکلیف دو اللہ کے رسول کو، اور نہ یہ کہ نکاح کر لو اور ان کی بیبیوں سے ان کے بعد کبھی، بیشک یہ اللہ کے نزدیک بڑی بھاری بات ہے O

۵۴۔   اگر ظاہر کرو کچھ یا چھپاؤ اسے، تو بیشک اللہ ہر ایک چیز کا جاننے والا ہے O

۵۵۔   نہیں حرج ہے ان پر، ان کے باپ، اور بیٹوں اور بھائیوں، اور بھتیجوں، اور بھانجوں، اور اپنی عورتوں، اور ہاتھ کی ملکیت لونڈیوں میں، اور میں ڈرتی رہو اللہ کو۔ بیشک اللہ ہر چیز پر نگراں ہے O

۵۶۔   بیشک اللہ اور اس کے سارے فرشتے درود بھیجتے رہتے ہیں آنحضرت (صلی اللہ علیہ وآلہ وسلم) پر، اے ایمان والو! تم بھی درود بھیجو ان پر، اور خوب سلام عرض کرو O

۵۷. بلاشبہ جو رکھ دیں اللہ اور اس کے رسول کو، پھٹکار دیا انہیں اللہ نے دنیا و آخرت میں، اور تیار کر لیا ہے ان کے لئے رسوا کرنے والا عذاب 〇

۵۸. اور جو دکھ دیں ایمان والوں اور ایمان والیوں کو، بغیر کچھ کیے، تو بیشک انہوں نے بار لیا بہتان کا، اور کھلے گناہ کا 〇

۵۹. اے آنحضرت (صلی اللہ علیہ و آلہ و سلم)! کہہ دو اپنی بیبیوں اور بیٹیوں اور مسلمانوں کی عورتوں کو کہ "ڈال رکھا کریں اپنے چہروں پر اپنی چادریں"، یہ زیادہ قریب ہے کہ پہچان لی جائیں، تو ستائی نہ جائیں، اور اللہ غفور و رحیم ہے 〇

۶۰. یقیناً اگر باز نہ آئے منافق لوگ، اور جن کے دلوں میں بیماری ہے، اور جھوٹی گپ اڑانے والے مدینہ میں، تو ہم ضرور مسلط کر دیں گے تمہیں ان پر، پھر نہ پڑوسی رہ جائیں گے تمہارے اس میں، مگر کچھ دن 〇

۶۱. سب کے سب لعنتی۔ اب جہاں ملے دھر لیے گئے اور

کاٹ کر رکھ دیئے گئے O

۶۲. اللہ کا دستور رہا ان میں بھی جو گزر چکے پہلے، اور نہ پاؤ گے اللہ

کے دستور میں ادل بدل O

۶۳. پوچھتے ہیں لوگ تم سے قیامت کے بارے میں، کہہ دو کہ

''اس کا علم اللہ کے پاس ہے''، اور کیا اٹل ہے تمہیں، ممکن ہے کہ

قیامت نزدیک ہی ہو O

۶۴. بیشک اللہ نے پھٹکار دیا کافروں کو، اور تیار کر رکھا ہے ان

کے لئے دہکتی آگ O

۶۵. رہنے والے اس میں ہمیشہ ہمیشہ، نہ پائیں گے یار نہ مدد

گار O

۶۶. جس دن الٹے پلٹے جائیں گے ان کے چہرے جہنم میں کہیں

گے ''اے کاش! ہم نے کہا مانا ہوتا اللہ کا، اور کہا مانا ہوتا رسول کا O

۶۷. اور بول پڑے کہ "پروردگار! ہم نے کہا مانا تھا اپنے سرداروں اور بڑے لوگوں کا تو، انہوں نے بھلا دیا ہمیں راستہ O

۶۸. پروردگار! دے انہیں دونا عذاب، اور مار ان پر بڑی پھٹکار" O

۶۹. اے ایمان والو! نہ ہو جاؤ ان کی طرح جنہوں نے ستایا موسیٰ کو، تو بری فرما دیا انہیں اللہ نے اس سے جو وہ کہتے تھے، اور وہ اللہ کے نزدیک آبرو والے تھے O

۷۰. اے ایمان والو! ڈرو اللہ کو، اور بولا کرو درست بولی O

۷۱. کہ درست کر دے اللہ تمہارے اعمال کو، اور بخش دے تمہارے گناہ، اور جو کہا مانے اللہ اور اس کے رسول کا، تو بیشک کامیاب ہوا بڑی کامیابی O

۷۲.	بیشک پیش فرمایا ہم نے امانت کو آسمانوں اور زمین اور پہاڑوں پر، تو انکار کر دیا سب نے کہ یہ بار لیں، اور ڈر گئے اس سے۔ اور اٹھا لیا اس کو انسان نے۔ بیشک وہ جفاکش نادان ہے O

۷۳.	تاکہ عذاب دے اللہ منافق مردوں اور نفاق والی عورتوں کو، اور مشرک مردوں اور شرک والی عورتوں کو، اور توبہ قبول کرے اللہ، مومن مرد اور مومنہ عورتوں کی۔ اور اللہ غفور رحیم ہے O

۳۴۔ سورة سبا

۱۔ ساری خوبیاں اللہ کے لئے، وہ جس کا ہے جو کچھ آسمانوں میں ہے اور جو کچھ زمین میں ہے، اور اسی کی حمد ہے آخرت میں، اور وہی حکمت والا باخبر ہے O

۲۔ جانتا ہے جو کچھ داخل ہو زمین میں، اور جو نکل پڑے اس سے، اور جو کچھ اترے آسمان سے، اور جو کچھ چڑھے اس میں، اور وہی رحیم غفور ہے O

۳۔ اور بولے جنہوں نے کفر ہے کیا "نہ آئے گی ہم پر قیامت"۔ کہہ دو کہ "نہیں کیا میرے عالم الغیب رب کی قسم، ضرور آئے گی تمہارے پاس۔" نہیں غائب ہے اس سے ذرہ برابر،

آسمانوں میں اور نہ زمین میں، اور نہ اس سے چھوٹی چیز اور، نہ بڑی،
مگر صاف بیان کرنے والی کتاب میں ہے O

۴. تا کہ ثواب دے انہیں جو ایمان لائے اور نیکیاں کیں، انہیں
کے لئے مغفرت، اور باعزت روزی ہے O

۵. اور جنہوں نے کوشش کی ہماری آیتوں میں ہرانے کے
لئے، انہیں کے لئے دردناک سختی کا عذاب ہے O

۶. اور دیکھ رہے ہیں جن کو علم دیا گیا ہے، کہ جو اتار گیا ہے
تمہاری طرف تمہارے رب کی طرف سے، وہ حق ہے، اور بتاتا ہے
عزت والے حمد والے کی راہ O

۷. اور بولے جنہوں نے کفر کیا ہے کہ "کیا ہم بتا دیں تمہیں
ایسا شخص جو خبر دیتا ہے تمہیں، کیا جب ریزہ ریزہ کر دئیے جاؤ گے تم
بالکل، تو تم نئے جنم میں ہو گے"۔ O

۸.	کیا گڑھ لیا ہے اللہ پر جھوٹ، یا اسے جنون ہے؟ بلکہ جو نہیں
مانتے آخرت کو، وہی عذاب میں، اور دور کی گمراہی میں ہیں O
۹.	تو کیا نہیں نظر کی؟ اس کی طرف جو ان کے آگے اور پیچھے
آسمان و زمین ہے۔ اگر ہم چاہیں تو دھنسا دیں انہیں زمین میں، یا گرا
دیں ان پر ایک ٹکڑا آسمان سے، بیشک اس میں ضرور نشانی ہے ہر
توجہ کرنے والے بندے کے لئے O
۱۰.	اور بیشک دے رکھا تھا ہم نے داؤد کو اپنی طرف سے فضل
کہ ''اے پہاڑو اللہ کی تسبیح کرو داؤد کے ساتھ'' اور پرندوں کو بھی، اور
نرم کر دیا ہم نے ان کے لئے لوہے کو O
۱۱.	کہ بناؤ کشادہ زرہیں، اور یکسانیت رکھو کڑیوں کے جوڑنے
میں، اور کرتے رہو نیکی۔ بیشک میں، جو کچھ کرو نگراں ہوں O
۱۲.	اور سلیمان کے لئے ہوا کو، اس کی صبح کی منزل ایک مہینہ اور
شام کی منزل ایک مہینہ اور بہا دیا ہم نے ان کے لئے پگھلے تانبے کا

چشمہ اور کچھ جن تھے ، جو کام کرتے ان کے سامنے ، ان کے رب کے حکم سے اور جو کج روی کرے ان میں سے ہماری حکم سے ، تو چکھائیں گے ہم اسے دہکتی آگ کا عذاب O

۱۳.   بنایا کرتے ان کے لئے جو وہ چاہتے محرابی گھر ، اور تصویریں اور لگن جیسے بڑے حوض اور جمی دھری رہنے والی دیگیں کہ (کرتے رہو اے داؤد والو شکر ''۔ اور تھوڑے ہیں ، میرے بندوں سے شکر گزار O

۱۴.   پھر جب حکم بھیجا ہم نے ان پر موت کا ، تو نہ پتہ دیا ان جنوں کو ان کی موت کا ، مگر دیمک نے ، کہ کھاتی رہی ان کا عصا ، چنانچہ جب وہ گر پڑے ، تو کھل گئے جن ، کہ اگر جانتے غیب کو ، تو نہ پڑے رہتے ذلت والے عذاب میں O

۱۵.	بلاشبہ قبیلہ سبا کے لئے ان کی بستیوں میں نشانی ہے۔ دو باغ داہنے بائیں کہ کھاؤ اپنے رب کی روزی، اور شکر ادا کرو اس کا، پاکیزہ شہر اور پالنے والا بڑا مغفرت والا O

۱۶.	تو انہوں نے روگردانی کی، تو ہم نے کھول دیا ان پر زور کے سیلاب کا بند، اور بدل دیا ہم نے انہیں، ان کے دو باغوں کے عوض دو دوسرے باغ، بد مزہ پھل والے، اور جھاؤ، اور کچھ تھوڑی سی بیریاں O

۱۷.	یہ سزا دی ہم نے انہیں جو انہوں نے کفر کیا، اور ہم نہیں سزا دیتے، مگر ناشکرے کو O

۱۸.	اور کر دیا ہم نے ان کے درمیان اور ان آبادیاں کے درمیان جن میں ہم نے برکت دے رکھی ہے کھلی راہ پر، اور اندازے پر رکھا ہم نے ان میں سفر کو، چلو پھر وان میں رات دن امن وامان سے O

۱۹.	پھر انہوں نے دعا کی کہ پروردگار! دور کر دے ہماری منزلوں کو، اور برا کیا خود اپنا، تو بنا دیا ہم نے انہیں کہانیاں، اور تتر بتر کر دیا انہیں بالکل، بیشک اس میں ضرور نشانیاں ہیں ہر صبر کرنے والے شکر گزار کے لئے O

۲۰.	اور واقعی سچا کر دکھایا اور ان پر ابلیس نے اپنا گمان، چنانچہ انہوں نے پیروی کی اس کی، مگر ایک گروہ مسلمانوں کا O

۲۱.	اور نہ تھا اسے ان پر کوئی قابو، مگر تاکہ ہم چھانٹ بتائیں جو مانتا ہے آخرت کو اس سے، جو اس کی طرف سے شک میں ہے، اور تمہارا رب ہر ایک کا نگراں ہے O

۲۲.	کہہ دو کہ ''ہانک دے کر دیکھ لو ان کی جن کو تم لوگوں نے خیال کر لیا ہے اللہ کے خلاف، کہ نہیں مالک ہیں وہ ذرہ بھر کے، آسمانوں میں اور نہ زمین میں، اور نہیں ہے ان کا دونوں جگہ میں کوئی حصہ، اور نہیں ہے اللہ کا ان سے کوئی پشت پناہ'' O

۲۳.	اور نہ کام آئے گی سفارش اس کے یہاں، مگر جسے اجازت دی۔ یہاں تک کہ جب دور کردی گئی گھبراہٹ ان کے دلوں سے، تو ہم بولے کہ ''اخاہ، کیا فرمایا تمہارے رب نے؟'' بولے کہ ''حق فرمایا۔'' اور وہی بلند بڑا ہے O

۲۴.	پوچھو کہ ''کون روزی دیتا ہے تمہیں آسمانوں اور زمین سے'' جواب بتادو کہ ''اللہ،'' اور بلاشبہ ہم یا تمہیں ہدایت پر ہیں یا کھلی گمراہی میں O

۲۵.	کہہ دو کہ ''تم نہ پوچھے جاؤ گے جو ہم نے جرم کیا، اور نہ ہم پوچھے جائیں گے جو تم لوگ کرتے ہو''۔ O

۲۶.	کہہ دو کہ ''اکٹھا فرمائے گا ہم سب کو ہمارا رب، پھر فیصلہ کرے گا ہمارے درمیان بالکل حق، اور وہی فیصلہ فرمانے والا علم والا ہے'' O

۲۷۔   کہو کہ "مجھے تو دکھا دو سکت ان شریکوں کی، جن کو ملا رکھا ہے تم نے اللہ سے"۔ ہرگز نہیں، بلکہ وہ اللہ ہی غلبہ والا حکمت والا ہے O

۲۸۔   اور انہیں رسول کیا ہم نے تم کو مگر سارے انسانوں کا، خوش خبری سنانے والے اور ڈرانے والے، لیکن بہتیرے لوگ نہیں جانتے O

۲۹۔   اور پوچھتے ہیں کہ "کب ہوگا یہ وعدہ، اگر سچے ہو" O

۳۰۔   جواب دے دو کہ "تمہارے لئے ایک ایسے مقرر دن کی میعاد ہے کہ نہ پیچھے ہٹ سکو جس سے گھڑی بھر، اور نہ آگے بڑھ سکو" O

۳۱۔   اور بولے جنہوں نے کفر کیا تھا کہ "نہ مانیں گے ہم یہ قرآن، اور نہ جو اس کے آگے تھیں"۔ اور کہیں دیکھو، جب ظالم کھڑے کئے جائیں گے اپنے رب کے یہاں۔ ڈالیں گے ایک

دوسرے پر بات، کہیں گے کمزور چھوٹے لوگ، انہیں جو بڑے بنے تھے کہ "اگر تم نہ ہوتے تو ہم ہوتے ایمان والے" O

۳۲. کہنے لگے جو بڑے بنے تھے انہیں جو کمزور چھوٹے تھے کہ "کیا ہم نے روکا تھا تمہیں ہدایت سے؟ بعد اس کے کہ آ چکی تھی تمہارے پاس، بلکہ تم خود مجرم تھے" O

۳۳. اور بول پڑے جو دبے تھے انہیں جو بڑے بنے تھے کہ "بلکہ رات دن کی چالبازی تھی، جب کہ تم لوگ حکم دیتے تھے ہمیں، کہ ہم نہ مانیں اللہ کو، اور بنائیں اس کے مدمقابل"۔ اور دل میں شرمائے، جب دیکھ لیا عذاب کو، اور ہم نے ڈال دیے طوق ان کی گردنوں میں، جنھوں نے انکار کیا تھا۔ نہیں بھگتیں گے مگر جیسی کرنی کرتے تھے O

۳۴. اور نہیں بھیجا ہم نے کسی آبادی میں کوئی ڈرسنانے والا، مگر یہ کہ کہنے لگے اس کے پیٹ بھرے، کہ "ہم جس امر کے ساتھ تم لوگ بھیجے گئے ہو منکر ہیں" O

۳۵. اور کہنے لگے کہ "ہم بڑھے چڑھے ہیں مال و اولاد میں، اور ہم عذاب نہ دئیے جائیں گے" O

۳۶. جواب دو کہ "بیشک میرا رب کشادہ فرماتا ہے روزی کو جس کے لئے چاہے، اور تنگی بھی ڈالتا ہے" لیکن بہتیرے لوگ نہیں جانتے O

۳۷. اور نہیں ہیں تمہارے مال نہ اولاد، جو نزدیک پہنچا سکیں تمہیں ہمارا یہاں کچھ، مگر جو ایمان لایا، اور لیاقت کے کام کیے، ان کے لئے دوگنا ثواب ہے، جو انہوں نے عمل کیے، اور وہ بالاخانوں میں ہیں امن و امان سے O

۳۸.　اور جو کوشش کریں ہماری آیتوں میں ہرانے کے لئے،
وہ عذاب میں دھر لیے جائیں گے O

۳۹.　کہہ دو کہ ''بیشک میرا رب کشادہ فرمائے روزی، جس کے
لئے چاہے اپنے بندوں سے، اور تنگی ڈالے جس کے لئے چاہے،
اور جو کچھ خیرات کیا تم نے، تو وہ اور دے گا تمہیں، اور وہ سب سے
بہتر روزی دینے والا ہے'' O

۴۰.　اور جس دن کہ اٹھائے گا ان سب کو، پھر فرمائے گا فرشتوں
کو کہ 'کیا یہی تمہیں معبود جانتے تھے؟'' O

۴۱.　انہوں نے عرض کیا کہ ''پاک ہے تیری، تو ہمارا دوست
ہے، نہ کہ یہ لوگ، بلکہ یہ پوجا کرتے تھے شیطانوں کو، ان کے
بہتیرے انہیں کے ماننے والے ہیں'' O

۴۲۔   تو آج نہیں اختیار ہوگا تم میں سے کسی کو، کسی کے نفع کا نہ نقصان کا۔ اور ہم کہیں گے انہیں جنہوں نے اندھیر مچایا تھا کہ ''چکھو جہنم کا عذاب، جس کو تم جھٹلاتے تھے'' O

۴۳۔   اور جب تلاوت کی جاتی ہیں ان پر ہماری آیتیں صاف صاف، بول پڑے کہ ''نہیں ہیں یہ، مگر ایک شخص، چاہتے ہیں کہ روک دیں تمہیں اس سے، جو پوجا پاٹ کرتے تھے تمہارے باپ دادا'' اور بولے کہ ''نہیں ہے یہ، مگر گڑھا ہوا بہتان'' اور کہہ دیا کافروں نے حق کو، جب آ گیا ان کے پاس کہ ''نہیں ہے یہ مگر کھلا جادو'' O

۴۴۔   اور نہیں دی تھیں ہم نے انہیں کچھ کتابیں جسے پڑھتے ہوں، اور نہ ہی بھیجا تھا ہم نے ان کی طرف تم سے پہلے کوئی ڈر سنانے والا O

۴۵. اور جھٹلایا تھا جو ان سے پہلے تھے، اور یہ نہیں پہنچے دسواں حصہ اس کا جو دیا تھا ہم نے انہیں، پھر جھٹلا دیا میرے رسولوں کو اور کیسی ہوئی ناگواری میری O

۴۶. کہہ دو کہ ''میں نصیحت کرتا ہوں تمہیں ایک بات کی، کہ کھڑے ہو جاؤ اللہ کے لئے دو دو، اور الگ الگ، پھر سوچو کہ تمہارے پاس آنے والے میں کوئی جنون نہیں ہے۔ وہ نہیں ہیں مگر ڈر سنانے والے تمہیں، سخت عذاب سے آگے'' O

۴۷. کہہ دو کہ ''جو میں نے مانگا ہو تم سے کوئی اجر، تو وہ تمہیں رکھ لو۔ نہیں ہے میرا اجر مگر اللہ پر، اور وہ ہر چیز پر نگراں ہے'' O

۴۸. کہ کہ ''بیشک میرا رب ڈالتا ہے دل میں حق''۔ غیبوں کا بڑا جاننے والا O

۴۹. کہہ دو کہ ''حق آگیا، اور باطل کا نہ ادھر سرا، نہ ادھر'' O

۵۰. کہہ دو کہ ''اگر میں گمراہ ہوتا، تو بھٹکتا اپنے برے کو، اور اگر میں ہدایت پر ہوں، تو اس کے سبب جو وحی فرماتا ہے میرے پاس میرا رب، بیشک وہ سننے والا نزدیک ہے'' O

۵۱. اور کہیں دیکھو جب گھبراہٹ میں پڑے وہ کافر، تو کہیں بچاؤ نہیں۔ اور پکڑ لیے گئے نزدیک جگہ سے O

۵۲. اور بولنے لگے کہ ''ہم مان گئے اس کو'' اور کہاں انہیں کچھ پانا، دور جگہ پہنچ کر O

۵۳. حالانکہ بلاشبہ انکار کر دیا تھا اس کا پہلے، اور غیب کی اڑاتے پھرتے ہیں، دور ہی دور سے O

۵۴. اور آڑ ڈال دی گئی ان کے درمیان، اور جو وہ چاہتے ہیں اس کے درمیان، جیسا کیا جا چکا ہے ان کے شیعوں سے پہلے، بیشک وہ تھے شک میں پڑے ہوئے O

۳۵۔ سورة فاطر

نام سے اللہ کے بڑا مہربان بخشنے والا۔

۱۔   ساری خوبیاں اللہ کی، بنانے والا آسمانوں اور زمین کا، کر دینے والا فرشتوں کو قاصد، پر والے، دو دو، تین تین، چار چار، وہ بڑھائے آفرینش میں جو چاہے بیشک اللہ، ہر چاہے پر قدرت والا ہے O

۲۔   جو کچھ کھول دے اللہ لوگوں کے لئے کوئی رحمت، تو کوئی روکنے والا نہیں ہے اس کا، اور جو کچھ روک دے، تو نہیں ہے کوئی چھوڑنے والا اس کا اس کے بعد، اور وہی عزت والا حکمت والا ہے O

۳۔   اے لوگو! یاد کرو اللہ کی نعمت کو اپنے اوپر۔ "کیا کوئی پیدا کرنے والا ہے اللہ کا بیگانہ، کہ روزی دے تمہیں آسمان و زمین سے؟" "نہیں ہے کوئی معبود سوا اس کے۔ تو تم کہاں اوندھائے جا رہے ہو؟ O

۴۔   اور اگر یہ لوگ جھٹلائیں تمہیں، تو بیشک جھٹلائے گئے رسول (صلی اللہ علیہ و آلہ و سلم) تم سے پہلے، اور اللہ ہی کی طرف لوٹائے جائیں گے سارے کام O

۵۔   اے لوگو! بیشک اللہ کا وعدہ ٹھیک ہے، تو نہ دھوکا دے تمہیں دنیاوی زندگی، اور نہ دھوکہ دے تمہیں اللہ کی طرف بڑا دھوکے باز شیطان O

۶۔   بیشک شیطان تمہارا دشمن ہے، تو اس کو بنائے رکھو دشمن، وہ اسی لئے بلاتا ہے اپنی جمعیت کو کہ "سب ہو جائیں جہنمیوں سے" O

۷. جنھوں نے کفر کیا، ان کے لئے سخت عذاب ہے اور جو ایمان لائے اور اچھے کام کیے، ان کے لئے بخشش ہے، اور بڑا اجر ہے O

۸. توکیا وہ بھی اس کا مستحق ہے، جس کا بداعمالی اس کی آنکھ میں بھلی کر دی گئی، چنانچہ سمجھنے لگا اسے اچھا، تو بلا شبہ اللہ، بے راہ رکھے جسے چاہے اور راہ دے جسے چاہے، تو نہ جائے تمہاری جان ان لوگوں پر افسوس کرنے میں، بیشک اللہ جاننے والا ہے جو یہ لوگ کریں O

۹. اور اللہ ہے جس نے بھیجا ہواؤں کو، تو وہ اٹھاتی ہیں بادل کو، پھر ہم لے گئے اسے مردہ زمین والے شہر کی طرف، پھر زندگی دی اس سے زمین کو اس کے مر چکنے کے بعد، اسی طرح قیامت میں اٹھنا ہے O

۱۰. جو چاہتا ہے عزت، تو اللہ ہی کے لیے ہے ساری عزت، اسی کی طرف چڑھیں پاکیزہ کلمے، اور نیک کام وہ بلندی دیتا ہے، اور

جو چال کریں برائیوں کی، ان کے لیے سخت عذاب ہے، اور ان سب کی چال ملیا میٹ ہو جائے گی O

۱۱۔ اور اللہ نے پیدا فرمایا تمہیں مٹی سے، پھر ایک قطرہ سے، پھر کر دیا تمہیں جوڑا جوڑا۔ اور نہیں حاملہ ہوتی کوئی عورت، اور نہ جنتی ہے، مگر اس کے علم سے، اور نہیں عمر دیا جاتا تو سن رسیدہ، اور نہ گھٹایا جائے اس کی عمر سے، مگر سب ایک کتاب میں ہے۔ بیشک یہ اللہ کو آسان ہے O

۱۲۔ اور نہیں برابر ہیں دونوں دریا۔ کہ یہ میٹھا شیریں خوشگوار پانی والا اور یہ کھاری تلخ۔ اور ہر ایک سے کھاتے رہتے ہو تازہ گوشت، اور نکالتے رہتے ہو زیور جسے پہنتے ہو۔ اور دیکھتے رہتے ہو کشتیوں کو اس میں پھاڑتی چیرتی ہوئی، تاکہ تلاش کرو اس کا فضل، اور تاکہ شکر ادا کرو O

۱۳۔ وہ سموتا ہے رات کو دن میں، اور سموتا ہے دن کو رات میں۔ اور مسخر کر دیا سورج اور چاند کو، ہر ایک چلتا رہتا ہے وقت معین

تک، یہ ہے اللہ، تمہارا پالنے والا، اسی کا ملک ہے، اور جن کی دہائی دیتے ہو اس کے خلاف، نہیں ملکیت رکھتے کھجور کی گٹھلی کے چھلکے برابر O

۱۴. اگر ان کی دہائی دیتے ہو، تو وہ نہیں سنتے تمہاری دہائی کو، اور اگر سنتے، تو کام نہیں آتے تمہارے، اور قیامت کے دن انکار کر دیں گے تم لوگوں کے شرک کا۔ اور تمہیں نہ بتائے گا اللہ خبیر کی طرح O

۱۵. اے لوگو! تم لوگ محتاج ہو اللہ کے، اور اللہ ہی بے نیاز حمد والا ہے O

۱۶. اگر چاہے تو لے جائے تمہیں اور لے آئے نئی مخلوق O

۱۷. اور نہیں ہے یہ اللہ پر دشوار O

۱۸. تو نہ بوجھ اٹھایا جائے گا اس کا کچھ، گو رشتہ دار ہو، تم ڈرنے والا انہیں کو کرتے ہو جو خوف کھائیں اپنے رب کا بے دیکھے، اور

پابندی کی نماز کی، اور جو ستھرا ہوا، تو وہ ستھرا ہوتا ہے اپنے ہی لیے، اور اللہ ہی کی طرف پھرنا ہے O

۱۹. اور نہیں برابر ہے اندھا، اور آنکھ والا O

۲۰. اور نہ اندھیریاں اور اجالا O

۲۱. اور نہ سایہ اور دھوپ O

۲۲. اور نہ برابر ہوں زندے اور مردے، بیشک اللہ سننے کا فائدہ دے جسے چاہے، اور تم نہیں ہو سننے کا فائدہ دینے والے، ان دفن کیے ہوؤں کو O

۲۳. تم تو بس ڈر سنا دینے والے ہو O

۲۴. بیشک ہم نے بھیجا تمہیں حق کے ساتھ، خوشخبری دینے والا ڈر سنانے والا، اور نہیں ہے کوئی امت، مگر گزرا اس میں کوئی ڈر سنانے والا O

۲۵. اور اگر جھٹلائیں تمہیں، تو بیشک جھٹلا چکے ہیں جو ان سے پہلے تھے، لاتے رہے ان کے پاس ان کے رسول دلیلوں اور صحیفوں اور روشن کرنے والی کتاب کو O

۲۶. پھر گرفتار کیا میں نے انہیں، جنہوں نے انکار کیا، تو کیسی ہوئی میری ناگواری O

۲۷. کیا تم نے نہیں دیکھا، کہ بلاشبہ اللہ نے اتارا آسمان کی طرف سے پانی، پھر نکالا ہم نے اس سے کئی پھل، جدا جدا رنگتوں کے اور پہاڑوں سے راستے، سفید و سرخ رنگا رنگ، اور کالے بھجنگے O

۲۸. اور انسانوں میں، اور جانوروں اور چوپایوں میں، الگ الگ رنگ ہیں اسی طرح۔ اللہ سے ڈرتے ہیں اس کے بندوں سے صرف عالم لوگ، بیشک اللہ غلبہ والا مغفرت فرمانے والا O

۲۹۔ بیشک جو تلاوت کریں اللہ کی کتاب کو، اور پابندی کی نماز کی، اور خیرات کیا جو ہم نے انہیں روزی دی، چھپا کر اور دکھا کر، وہ صحیح امیدوار ہیں ایسی تجارت کے جو برباد نہ ہوگی O

۳۰۔ تاکہ پورا پورا دے انہیں ان کی مزدوریاں، اور زیادہ دے انہیں اپنے فضل سے، بیشک وہ مغفرت فرمانے والا قدر فرمانے والا ہے O

۳۱۔ اور جو وحی بھیجی ہم نے تمہاری طرف کتاب، وہ بالکل ہی درست ہے، تصدیق کرنے والی اپنے سے اگلی کتابوں کی۔ بیشک اللہ اپنے بندوں سے یقیناً خبردار نگراں ہے O

۳۲۔ پھر وارث بنایا ہم نے کتاب کا انہیں، جن کو چن لیا ہم نے اپنے بندوں سے، تو کوئی ان کا ظالم ہے اپنے اوپر، اور کوئی درمیانی چال کا، اور کوئی آگے بڑھ جانے والا بھلائیوں میں اللہ کے حکم سے، یہ بڑا ہی فضل ہے O

۳۳.	ہمیشہ رہنے کے باغ، داخل ہوں گے جس میں، پہنائے جائیں گے اس میں کنگن سونے کے اور موتی۔ اور ان کا لباس اس میں ریشم کا O

۳۴.	اور بول پڑے کہ ''ساری حمد اللہ کو، جس نے دور فرما دیا ہم سے رنج کو، بیشک ہمارا رب یقیناً مغفرت فرمانے والا قدر فرمانے والا ہے O

۳۵.	جس نے اتارا ہمیں ٹھہرنے کے قابل گھر میں اپنے فضل سے، نہیں پہنچتی ہمیں اس میں کوئی تکلیف، اور نہ لگتی ہے اس میں کوئی تھکان'' O

۳۶.	اور جنھوں نے کفر کیا، ان کے لیے جہنم کی آگ ہے، نہ قضاء آئے گی ان پر کہ مر جائیں، اور نہ ہلکا کیا جائے گا ان سے عذاب جہنم، اسی طرح ہم بدلہ دیتے ہیں ہر پکے ناشکرے کو O

۳۷.	اور وہ چلائیں گے اس میں، کہ پروردگار! نکال دے ہمیں، کہ
کریں ہم نیکی اس کے خلاف، جو ہم کیا کرتے تھے۔ کیا نہیں دی تھی
تمہیں عمر؟ کہ سبق حاصل کرتا جس میں جس کو سبق لینا ہوتا، اور آچکا تھا
تمہارے پاس ڈر سنانے والا، اب مزہ چکھتے رہو، کہ اندھیر والوں کا
کوئی مددگار نہیں O

۳۸.	بیشک اللہ جاننے والا ہے عیب کو آسمانوں اور زمین کے،
بیشک وہ جاننے والا ہے سینوں والی بات کو O

۳۹.	وہی ہے جس نے بنایا تمہیں جانشین اگلوں کا زمین میں۔ تو
جس نے کفر کیا، تو اسی پر اس کا کفر ہے، اور نہ بڑھائے گا کافروں کو
ان کا کفران کے رب کے یہاں، مگر بیزاری کو، اور نہ بڑھائے گا
کافروں کو ان کا کفر، مگر نقصان O

۴۰.	کہہ دو کہ ''ذرا بتاؤ؟ کہ تمہارے بنائے شریک جن کی تم دہائی
دیتے ہو اللہ کے خلاف، مجھے دکھاؤ کہ کیا پیدا کیا انہوں نے زمین
سے؟'' یا ان کی کچھ شرکت ہے آسمانوں میں۔ یا ہم نے دے رکھی

ہے انہیں کتاب، تو وہ اس سے کسی دلیل پر ہیں، بلکہ نہیں وعدہ دیتے اندھیر والے ایک دوسرے کو، مگر دھوکے کا O

۴۱. بیشک اللہ روکے ہے آسمانوں اور زمین کو کہ ہل سکیں، اگر اہل پڑیں، تو نہیں روک سکتا انہیں کوئی، اللہ کے بعد بیشک اللہ حلم والا مغفرت والا ہے O

۴۲. اور قسم کھائی ان لوگوں نے اللہ کی، اپنے قسموں میں زور کی کہ ''اگر آیا ان کے پاس کوئی ڈرانے والا، تو ضرور ہو کر رہیں گے زیادہ ہدایت والے کسی دوسری امت سے''۔ پھر جب آگیا ان کے پاس ڈرانے والا، تو نہیں بڑھی ان میں مگر نفرت O

۴۳. بڑا بننا زمین میں، اور برائی کی چالبازی کرنا، مگر اپنے ہی اوپر، تو کیا انتظار کر رہے ہیں وہی اگلوں کے دستور کا؟ تو ہر گز نہ پاؤ گے تم اللہ کے دستور میں کوئی تبدیلی اور ہر گز نہ پاؤ گے تم اللہ کے قانون میں الٹ پھیر O

۴۴.   کیا سیر نہیں کی انھوں نے زمین میں کہ دیکھیں کہ کیسا ہوا انجام
ان کا، جو ان سے پہلے تھے، حالانکہ وہ زیادہ زوردار تھے ان سے، اور
نہیں ہے اللہ، کہ ہرا دے اسے کوئی چیز آسمانوں اور نہ زمین میں،
بیشک وہ علم والا قدرت والا ہے O

۴۵.   اور اگر دھر پکڑ کر دے اللہ لوگوں کی، جو کمائی کی انھوں نے، تو
نہ چھوڑا ہوتا زمین کی پیٹھ پر کوئی چلنے والا، لیکن وہ توڈھیل دے رہا ہے
انھیں ایک مقرر وقت تک، پھر جب آ گیا ان کا وقت، تو بیشک اللہ
اپنے بندوں کا نگراں ہے O

۳۶۔ سورۃ یس

نام سے اللہ کے بڑا مہربان بخشنے والا۔ O

۱. یسین O

۲. قسم ہے حکمت والے قرآن کی O

۳. بیشک تم رسولوں سے ہو O

۴. سیدھی راہ پر O

۵. اتارا ہوا عزت والے رحم والے کا O

۶.	کہ ڈر سناؤ اس قوم کو، جس کے باپ دادے نہیں ڈرائے گئے، تو وہ بیخبری میں پڑے ہیں O

۷.	یقیناً ٹھیک اتر گئی بات ان کے بہتیروں پر، تو وہ نہ مانیں گے O

۸.	بیشک ہم نے ڈال دیا ان کی گردنوں میں طوق، کہ وہ ٹھوڑی تک چڑھے ہیں، تو وہ رہ گئے منہ اٹھائے O

۹.	اور بنا دیا ہم نے ان کے آگے ایک روک، اور ان کے پیچھے ایک روک، پھر ڈھانک دیا انہیں، کہ وہ دیکھ نہ سکیں O

۱۰.	اور یکساں ہے ان پر، خواہ ڈرایا تم نے انہیں، یا نہ ڈرایا، وہ نہ مانیں گے O

۱۱.	تمہارا ڈرانا کام کرتا ہے اس کے جو پیروی کرنے لگا ذکر کی، اور ڈرنے لگا اللہ مہربان کو بے دیکھے، تو خوش خبری دو بخشش کی، اور با عزت اجر کی O

۱۲.   بیشک ہم زندہ کریں مردوں کو، اور لکھ لیتے ہیں جو وہ پہلے کر چکے، اور ان کی پچھلی نشانیوں کو اور ہر چیز کا شمار کر لیا ہم نے روشن رہنمائی کی کتاب میں O

۱۳.   اور دوا نہیں مثال اس کی آبادی والوں کی، جب کہ آئے تھے ان کے پاس قاصد لوگ O

۱۴.   جب کہ بھیجا ہم نے ان کی طرف دو کو، پھر جھٹلایا انہوں نے ان دونوں کو پھر کمک بھیجا تیسرے کو، تو انہوں نے کہا، کہ بلاشبہ ہم تمہاری طرف قاصد ہیں O

۱۵.   سب بولے کہ ''تم نہیں ہو مگر ہماری طرح بشر، اور نہیں نازل کیا اللہ رحمن نے کچھ، تم تو بس جھوٹ بولتے ہو'' O

۱۶.   سب نے جواب دیا کہ ''ہمارا رب جانتا ہے بیشک ہم تمہاری طرف قاصد ہیں O

۱۷.   اور نہیں ہے ہم پر مگر صاف صاف پیغام رسانی'' O

۱۸۔   وہ سب بولے کہ "ہم نے بد فالی نکالی ہے تم سے ، اگر تم لوگ نہ باز آئے تو ضرور پتھراؤ کریں گے ہم تم پر، اور ضرور پہنچے گا تمہیں ہماری طرف سے دکھ والا عذاب" O

۱۹۔   قاصدوں نے جواب دیا کہ "تمہاری بد فالی تمہارے ساتھ ہے، کیا یہی جو تمہیں نصیحت کی گئی ہے، بلکہ تم لوگ حد سے بڑھ جانے والے" O

۲۰۔   اور آیا شہر کے کنارے سے ایک شخص دوڑتا، بولا کہ "اے میری قوم! پیروی کرو ان قاصدوں کی O

۲۱۔   تقلید کرو ان اماموں کی، جو نہیں مانگتے تم سے کوئی اجر، اور وہ راہ پائے ہوئے ہیں" O

۲۲۔   اور میری کیا مجال کہ نہ پوجوں اسے، جس نے بنایا مجھ کو، اور اسی کی طرف تم سب لوٹائے جاؤ گے O

۲۳. کیا بنا لوں اس کے خلاف دوسرے معبود؟ کہ اگر چاہے خدائے مہربان میرا برا، تو کام نہ آئے میرے ان کی سفارش کچھ، اور نہ وہ بچا سکیں O

۲۴. بلاشبہ جب تو میں کھلی گمراہی میں ہوں O

۲۵. بیشک میں تو مان گیا تم لوگوں کے پروردگار کو، تو تم لوگ بھی سن رکھو! O

۲۶. کہا گیا اسے کہ "چلے جاؤ جنت میں۔" بولا، "اے کاش میری قوم جان لیتی O

۲۷. جو بخش دیا مجھے میرے رب نے، اور کر دیا مجھے با عزت لوگوں میں O

۲۸. اور نہیں اتارا ہم نے اس کی قوم پر اس کے بعد کوئی لشکر آسمان سے، اور نہ ہم کو اتارنا تھا O

۲۹۔   نہ تھا ان پر کوئی عذاب مگر ایک چیخ، اسی وقت وہ بجھ کے رہ گئے O

۳۰۔   ہائے افسوس ان بندوں پر نہ آتا ان کے پاس کوئی رسول، مگر یہ اس سے ٹھٹھا کرتے رہتے O

۳۱۔   کیا انہوں نے نہیں دیکھا کہ کتنی برباد کر دیں ہم نے ان سے پہلے امتیں؟ کہ بلاشبہ وہ ان کی طرف واپس نہیں ہوتیں O

۳۲۔   اور نہیں ہیں سب، مگر یہ کہ سارے ہمارے سامنے حاضر کیے جائیں گے O

۳۳۔   اور نشانی ہے ان کے لیے مردہ زمین، کہ زندہ فرما دیا ہم نے اسے، اور ان کا ہم نے اس سے غلہ، تو اسے کھاتے ہیں O

۳۴۔   اور بنائے ہم نے اس میں باغ کھجوروں کے، اور انگوروں کے، اور جاری کیے اس میں چشمے O

۳۵۔ تاکہ کھائیں اس کے پھل، اور انہیں کیا اس کو ان کے ہاتھوں نے، توکیا شکرادا نہ کریں گے؟ O

۳۶۔ پاکی ہے اس کی جس نے پیدا فرمائے جوڑے سارے ان چیزوں سے، جنہیں زمین اگائے، اور خود ان لوگوں سے، اور ان چیزوں سے جس کو وہ نہیں جانتے O

۳۷۔ اور نشانی ہے ان کے لیے رات، کہ ہم کھینچ لیتے ہیں اس سے دن کو، تو اسی دم وہ اندھیرے میں ہیں O

۳۸۔ اور سورج چلا کرتا ہے اپنے ٹھکانے، یہ زبردست علم والے کا مقرر کیا ہوا ہے O

۳۹۔ اور چاند کے لیے مقرر فرما دیں ہم نے منزلیں، یہاں تک کہ پھر ہو گیا جیسے کھجور کی پرانی ٹہنی O

۴۰۔ نہ آفتاب کی مجال ہے کہ پکڑے چاند کو، اور نہ رات بڑھ جانے والی ہے دن پر، اور سب ایک دائرے میں تیر رہے ہیں O

۴۱۔   اور ایک نشانی ہے ان کے لیے یہ کہ ہمیں نے سوار کیا تھا کشتی والوں کو ان کی نسل کے ساتھ ، بھری کشتی میں O

۴۲۔   اور پیدا فرمایا ہم نے ان کے لیے بھی اسی قسم کی سواریاں کہ سوار ہوں O

۴۳۔   اور اگر ہم چاہیں تو ڈبو دیں انہیں ، تو نہ ان کا کوئی فریاد رس ہو ، اور نہ یہ بچائے جائیں O

۴۴۔   مگر ہماری رحمت ، اور ایک وقت تک رہنے دینا O

۴۵۔   اور جب حکم دیا گیا انہیں کہ "ڈرو جو تمہارے سامنے نقد ہے ، اور جو تمہارے پیچھے وعدہ ہے ، کہ تم رحم کیے جاؤ" O

۴۶۔   اور نہیں آئی ان کے پاس کوئی نشانی ، ان کے رب کی نشانیوں سے ، مگر وہ منہ پھیرے ہیں O

۴۷۔   اور جب حکم دیا گیا انہیں کہ ''خیرات کرو اس سے، جو روزی دی تمہیں اللہ نے''، جواب دیا کافروں نے مسلمانوں کو کہ ''کیا ہم کھلائیں جسے اللہ چاہتا تو خود کھلا دیتا؟ ''تم بس کھلی گمراہی میں ہو O

۴۸۔   اور کہتے ہیں کہ ''کب ہے یہ وعدہ؟ اگر تم سچے ہو'' O

۴۹۔   نہیں انتظار کرتے مگر ایک چیخ کا، جو گرفتار کر لے انہیں، اس حال میں کہ وہ جھگڑ رہے ہیں O

۵۰۔   تو نہ کوئی وصیت کر سکیں گے، اور نہ اپنے لوگوں کی طرف واپس ہوں گے O

۵۱۔   اور پھونکا گیا صور، تو اسی وقت وہ قبروں سے اپنے رب کی طرف دوڑ پڑیں گے O

۵۲۔   بولے ''ہائے افسوس ہم پر، کس نے اٹھا دیا ہمیں خواب گاہ سے''، ''یہ ہے جس کا وعدہ فرمایا تھا اللہ مہربان نے، اور سچ بتایا تھا رسولوں نے'' O

۵۳.	یہ نہ ہوگی مگر ایک چیخ، تو اب وہ سارے سامنے حاضر کر دیئے گئے ہیں O

۵۴.	تو آج کے دن نہ ستایا جائے گا کوئی کچھ بھی، اور نہ بدلا دیے جاؤ گے، مگر جو تم لوگ کر چکے ہو O

۵۵.	بیشک جنت والے آج کے دن اپنے مشغلوں میں خوش خوش ہیں O

۵۶.	وہ ان کی بیبیاں سایوں میں، اپنے اپنے تخت پر تکیہ لگائے ہیں O

۵۷.	ان کے لیے اس میں میوہ ہے، اور ان کے لیے جو مانگ لیں O

۵۸.	ان پر سلام ہے رب رحیم کا فرمایا ہوا O

۵۹.	سلام ہو تم پر! تم خوب رہے، تو جاؤ اس میں ہمیشہ رہنے کو اے جنت والو! اور الگ کھسکو آج اے مجرم لوگو! O

۶۰.　کیا نہیں عہد لیا تھا میں نے تمہارا اے اولاد آدم! کہ ''نہ پوجنا شیطان کو، کہ بلاشبہ وہ تمہارا کھلا ہوا دشمن ہے O

۶۱.　اور یہ کہ پوجو مجھے یہی سیدھا راستہ ہے ''O

۶۲.　اور بیشک اس نے گمراہ کر دیا تم میں سے بہت مخلوق کو، تو کیا تم عقل نہیں رکھتے تھے؟ O

۶۳.　یہ ہے وہ جہنم، جس کا تمہیں وعدہ دیا گیا تھا O

۶۴.　جاؤ اس میں آج جو کفر کیا کرتے تھے O

۶۵.　آج کے دن مہر لگا دیں ہم ان کے مونہوں پر، اور گفتگو کریں گے ہم سے ان کے ہاتھ، اور گواہی دیں گے ان کے پاؤں، جو وہ کمائی کرتے تھے O

۶۶.　اور اگر ہم چاہتے، تو ضرور چوپٹ کر دیتے ان کی آنکھیں، تو راستے میں دوڑتے پھرتے، پھر بھی کہاں دیکھ سکتے O

۶۷.　اور اگر ہم چاہتے، تو ضرور صورتیں بدل دیتے ان کی ان کے
مقام پر، تو نہ آگے چل سکتے اور نہ واپس ہو سکیں O

۶۸.　اور جس کی عمر ہم دراز کریں، تو اس کو الٹا دیں پیدائش میں،
تو کیا یہ لوگ عقل نہیں رکھتے؟ O

۶۹.　اور نہیں تعلیم دی یہ ہم نے آنحضرت (صلی اللہ علیہ و آلہ و
سلم) کو شاعری کی، اور نہ انداز شاعری ان کے لائق ہے، یہ نہیں
ہے مگر نصیحت، اور روشن قرآن O

۷۰.　تاکہ ڈرائے جو زندہ ہو، اور ٹھیک کر دے حجت کافروں پر O

۷۱.　کیا انہوں نے نہیں دیکھا، کہ ہم نے پیدا فرمایا ان کے لیے
اپنے ہاتھوں سے چوپایوں کو، تو وہ ان کے مالک ہیں O

۷۲.　اور دبو کر دیا انہیں ان کے لیے، تو کچھ ان کی سواری ہیں، اور
بعض وہ کھاتے رہتے ہیں O

۷۳.   اور انہیں اس میں منفعتیں ہیں، اور پینے کی چیزیں ہیں، تو کیا شکر گزار نہ ہوں گے O

۷۴.   اور بنا لیا انہوں نے اللہ کے خلاف کئی معبود، کہ وہ مدد کیے جائیں گے O

۷۵.   وہ کر ہی نہیں سکتے ان کی مدد۔ اور وہ ان کے لشکر سب پکڑ کر حاضر کیے جائیں گے O

۷۶.   تو نہ رنج دے تمہیں ان کی بکواس بیشک ہم جانتے ہیں جو کچھ وہ چھپائیں، اور جو کچھ ظاہر کریں O

۷۷.   کیا نہیں دیکھا انسان نے، کہ بلا شبہ پیدا فرمایا ہم نے اسے ایک قطرے سے، تو اب وہ علانیہ جھگڑالو ہے O

۷۸.   اور ضرب المثل بنایا ہمارے لیے، اور بھول گیا اپنی پیدائش کو، بولا کہ ''کون زندہ کرے گا ہڈیوں کو، جب کہ وہ گلی ہیں'' O

۷۹. جواب دو کہ ''زندہ کرے گا، اسے وہ، جس نے پیدا فرمایا اسے پہلی بار''۔ اور وہ ہر پیدائش کا علم والا ہے O

۸۰. جس نے پیدا کیا تمہارے لیے ہرے درخت سے آگ، تو اب تم اس سے سلگاتے رہتے ہو O

۸۱. کیا نہیں وہ جس نے پیدا فرمایا آسمانوں اور زمین کو قادر اس پر، کہ پیدا فرما دے ان جیسے کو، کیوں نہیں ہے، کہ وہی خوب پیدا کرنے والا علم والا ہے O

۸۲. اس کا یہی کام ہے، کہ جب چاہا کسی چاہے کو، تو حکم دے اسے، کہ 'ہو جا، تو وہ ہو جاتا ہے O

۸۳. تو پاکی ہے اس کی، جس کے ہاتھ میں اختیار ہے ہر چاہے کا، اور اسی کی طرف تم لوگ لوٹائے جاؤ گے O

۳۷۔ سورۃ الصافات

نام سے اللہ کے بڑا مہربان بخشنے والا۔ O

۱.   قسم ہے باقاعدہ صف باندھنے والوں کی O

۲.   پھر ڈانٹ کر چلانے والوں کی O

۳.   پھر قرآن کی تلاوت کرنے والوں کی O

۴.   بلاشبہ تمہارا معبود یقیناً ایک ہے O

۵.   پروردگار آسمانوں اور زمین کا، اور جو کچھ ان کے درمیان ہے، اور پروردگار تمام مشرقوں کا O

۶. بیشک ہم نے آراستہ کیا سب سے قریب کے آسمان کو، آرائش سے ستاروں کی O

۷. اور بچاؤ ہر شیطان ہر سرکش سے O

۸. نہیں کان لگائے رکھ سکتے عالم بالا کی طرف، اور مار پھنک کیے جاتے ہیں ہر طرف سے O

۹. دھتکارنے کو، اور ان کے لیے عذاب ہے دائمی O

۱۰. مگر جس نے کچھ اچک لیا، تو پیچھے لگا اس کے چمکتا انگارا O

۱۱. تو ان سے پوچھو کہ "کیا وہ زیادہ مضبوط ہیں پیدائش ہیں؟ یا جو اور ہم نے پیدا فرمایا ہے"۔ بیشک ہم نے انھیں تو پیدا کیا ہے لیس دار مٹی سے O

۱۲. بلکہ تم تو تعجب کرنے لگے، اور وہ لوگ مذاق ہی کر رہے ہیں O

۱۳. اور جب ان کو نصیحت کی گئی، تو نہیں قبول کرتے O

۱۴.	اور جب دیکھا کوئی نشانی، تو ٹھٹھا کرنے لگتے ہیں O

۱۵.	اور وہ سب بولے کہ ''نہیں ہے یہ مگر جادو O

۱۶.	کیا جب مر چکے ہم اور ہو گئے خاک اور ہڈیاں، تو کیا ہم اٹھائے جائیں گے؟ O

۱۷.	یا ہمارے اگلے باپ دادے O

۱۸.	جواب دو کہ ''ہاں، اور تم لوگ ذلیل ہو گے'' O

۱۹.	وہ تو بس ایک ڈانٹ ہے، کہ پھر اس وقت وہ لوگ دیکھنے لگیں گے O

۲۰.	اور بول پڑے کہ ''ہائے افسوس ہم پر، یہ جزا کا دن ہے'' O

۲۱.	یہ فیصلے کا دن ہے، جسے تم لوگ جھٹلاتے تھے O

۲۲.	ہانک لے جاؤ انہیں، جنہوں نے اندھیر مچایا تھا، اور ان کے جوڑوں کو، اور جسے یہ پوجتے تھے O

۲۳.	اللہ کے خلاف، تو لے چلو انہیں راہ جہنم کی طرف O

۲۴. اور ٹھہراؤ انہیں، کہ ان سے پوچھا جائے گا O

۲۵. "کیا ہوا تمہیں؟ کہ باہمی مدد نہیں کرتے" O

۲۶. بلکہ وہ آج کے دن گردن ڈالے ہیں O

۲۷. اور سامنا کیا ایک نے دوسرے کا، باہم پوچھ گچھ کرتے O

۲۸. کچھ بولے کہ "تم لوگ آئے تھے ہمارے پاس داہنے بازو سے" O

۲۹. انہوں نے جواب دیا کہ "بلکہ تم خود ایمان نہیں لاتے تھے O

۳۰. اور نہ تھا ہمیں تم پر کوئی زور، بلکہ تم خود سرکش لوگ تھے O

۳۱. تو درست نکلا ہم پر ہمارے رب کا فرمانا۔ بیشک ہم سب چکھنے والے ہیں O

۳۲. اس لیے گمراہ کیا ہم نے تمہیں کہ بلاشبہ ہم خود گمراہ تھے" O

۳۳. تو بلاشبہ وہ سب اس دن عذاب میں باہم شریک ہیں O

۳۴. بیشک ہم ایسا ہی کیا کرتے ہیں مجرموں کے ساتھ O

۳۵.　بلا شبہ یہ تھے کہ جب کہا گیا انہیں کہ ''نہیں ہے کوئی پوجنے
کے قابل، سوا اللہ کے، تو بڑے بننے لگیں'' O

۳۶.　اور بولیں کہ 'کیا ہم اپنے معبودوں کو چھوڑنے والے ہیں
ایک شاعر مجنوں کے لیے'' O

۳۷.　بلکہ وہ لائے حق کو، اور تصدیق کی رسولوں کی O

۳۸.　بیشک تم لوگ چکھنے والے ہو دکھ والے عذاب کو O

۳۹.　اور نہیں بدلہ دیے جاؤ گے، مگر جو کرتوت کرتے تھے O

۴۰.　مگر اللہ کے چنے بندے O

۴۱.　کہ انہیں کے لیے ہے بتائی ہوئی روزی O

۴۲.　میوے اور وہ عزت دیے گئے ہیں O

۴۳.　راحت کے باغوں میں O

۴۴.　اپنے اپنے تخت پر آمنے سامنے O

۴۵.　دور چلایا جائے گا ان پر بہتی شراب کے جام کا O

۴۶. سفید مزے دار، پینے والوں کے لیے O

۴۷. نہ اس میں نشہ، اور نہ اس سے ان کا سر پھرے گا O

۴۸. اور ان کے پاس ہیں اپنی آنکھیں انہیں پر رکھنے والیاں، بڑی بڑی آنکھ والیاں O

۴۹. گو وہ چھپائے ہوئے انڈے ہیں O

۵۰. تو سامنا کیا ایک نے دوسرے کا پوچھ کرتے O

۵۱. بولا ایک بولنے والا ان کا کہ ''میرے ساتھ کا ایک بیٹھنے والا تھا O

۵۲. کہا کرتا کہ کیا تم حشر کو سچ مانتے ہو؟'' O

۵۳. 'کیا جب ہم مر چکے اور ہو گئے خاک اور ہڈیاں، تو کیا ہم بدلہ دیئے جائیں گے؟ O

۵۴. بولا کہ 'کیا آپ لوگ جھانک کر اسے دیکھیں گے O

۵۵. پھر جھانکا، تو اسے دیکھا، کہ جہنم کے درمیان پڑا ہے O

۵۶. (بولا کہ ''خدا کی قسم قریب تھا کہ تو مجھے ہلاک کر دے O

۵۷. اور اگر نہ ہوتی میرے رب کی نعمت، تو ہوتا میں پکڑ کر حاضر کیے ہوؤں میں O

۵۸. کیا اب تو ہم نہ مریں گے O

۵۹. مگر ہماری پہلی موت، اور نہ ہم عذاب دیئے جائیں گے۔ O

۶۰. بیشک یہ تو یقیناً بڑی کامیابی ہے O

۶۱. ایسی ہی کامیابی کے لیے عمل کریں عمل کرنے والے O

۶۲. کیا یہ بہتر مہمانی ہے، یا تھوہڑ کا درخت؟ O

۶۳. بیشک بنایا ہم نے اسے آزمائش، ظالموں کے لیے O

۶۴. بیشک وہ ایک درخت ہے جو نکلتا ہے جہنم کی جڑ میں O

۶۵. اس کا شگوفہ، گویا دیوؤں کا سر O

٦٦.   یہ لوگ ضرور کھانے والے ہیں اسے ، پھر بھر لینے والے ہیں اس سے اپنے اپنے پیٹ O

٦٧.   پھر ان کے لیے ہے اس پر ضرور کھولتے پانی کی ملونی O

٦٨.   پھر بلاشبہ ان کے لوٹنے کی جگہ یقیناً جہنم کی طرف ہے O

٦٩.   انہوں نے پایا اپنے باپ دادوں کو گمراہ O

٧٠.   تو یہ بھی ان کے نشان قدم پر دوڑے جاتے ہیں O

٧١.   اور بیشک گمرہ ہو گئے ان سے پہلے ، اگلوں کے بہتیرے O

٧٢.   اور یقیناً بھیجا ہم نے ان میں ڈر سنانے والے O

٧٣.   تو دیکھو کہ کیسا ہوا انجام ڈرائے جانے والوں کا O

٧٤.   مگر اللہ کے چنے ہوئے بندے O

٧٥.   اور بیشک پکارا ہم کو نوح نے ، تو کیسا اچھا ہم قبول فرمانے والے ہیں O

۷۶. اور بچا لیا ہم نے انہیں اور ان کے والوں کو، بڑی بے چینی سے O

۷۷. اور کر دیا ہم نے ان کو نسل کو، کہ وہی رہ گئے O

۷۸. اور باقی رکھا ہم نے ان کی بلندی ذکر کو پچھلوں میں O

۷۹. کہ ''سلام ہو نوح پر'' سارے جہان میں O

۸۰. بیشک اسی طرح ہم ثواب دیتے ہیں احسان والوں کو O

۸۱. بیشک وہ میرے ماننے والے بندوں سے ہیں O

۸۲. پھر ڈبو دیا ہم نے دوسروں کو O

۸۳. اور بلاشبہ ان کی سنت و جماعت سے ہیں ابراہیم O

۸۴. کہ لائے اپنے رب کے پاس غیروں سے محفوظ دل O

۸۵. جب کہ کہا اپنے بابا کو اور اپنی قوم کو کہ ''یہ کیا پوجتے ہو؟'' O

۸۶. کیا گڑھ کر، دوسرے کئی معبود اللہ کے خلاف چاہتے ہو؟ O

۸۷. تو تمہارا کیا گمان ہے رب العالمین کے ساتھ؟" O

۸۸. پھر دیکھا گھور کر ستاروں میں O

۸۹. تو کہا کہ "میں بیمار ہو جانے والا ہوں" O

۹۰. تو پھر گئے سب لوگ ان سے پیٹھ دے کر O

۹۱. تو چھپ کر چلے ان کے بتوں کی طرف، تو کہا کہ "کیا تم لوگ نہیں کھاتے؟ O

۹۲. تمہیں کیا ہے کہ نہیں بولتے؟" O

۹۳. تو نظر بچا کر ان پر پوری چوٹ لگائی داہنے ہاتھ سے O

۹۴. تو سب لوگ سامنے آئے ان کی طرف دوڑتے O

۹۵. پوچھا کہ "کیا لوگ پوجتے ہو اسے، جس کو خود تراشے ہو؟" O

۹۶. اور اللہ نے پیدا فرمایا تمہیں اور جو تم بناتے ہو" O

۹۷. سب بولے کہ "بناؤ اس کے لیے ایک آتش کدہ، پھر ڈال دو انہیں دہکتی آگ میں" O

۹۸. چنانچہ انہوں نے چاہی ان سے چال، تو کر دیا ہم نے انہیں کو نیچا O

۹۹. اور کہا ابراہیم نے کہ "بیشک میں ہجرت کرنے والا ہوں اپنے رب کی طرف، وہ جلد راہ دے گا مجھے O

۱۰۰. پروردگار! بخش دے مجھے لیاقت والی اولاد" O

۱۰۱. تو خوشخبری دی ہم نے اسے ایک بردبار بیٹے کی O

۱۰۲. چنانچہ جب وہ بیٹا پہنچا ان کے ساتھ دوڑ دھوپ کرنے کی عمر کو، بولے کہ "اے میرے بیٹے، بیشک میں دیکھتا ہوں خواب میں کہ میں تم کو ذبح کر رہا ہوں، تو تم دیکھو کہ تمہاری کیا رائے ہے؟" جواب دیا کہ "اے میرے باپ! آپ کر گزریں جس کا آپ کو حکم کیا جاتا ہے، جلد ہی آپ پائیں گے مجھ کو انشاء اللہ صبر کرنے والوں سے" O

۱۰۳. تو جب دونوں نے گردن جھکا دی اور لٹا دیا باپ نے بیٹے کو
ماتھے کے بل O

۱۰۴. اور ہم نے آواز دی انہیں کہ ''اے ابراہیم O

۱۰۵. بیشک سچ کر دکھایا تم نے خواب کو''۔ بیشک ہم اسی طرح
ثواب دیتے ہیں مخلصوں کو O

۱۰۶. بلاشبہ یہ یقیناً کھلا امتحان تھا O

۱۰۷. اور فدیہ دیا ہم نے ان کا شاندار ذبیحہ کو O

۱۰۸. اور چھوڑ رکھا ان کی بلندی ذکر کو پچھلوں میں O

۱۰۹. کہ سلام ہو ابراہیم پر O

۱۱۰. اسی طرح ثواب دیتے ہیں ہم مخلصوں کو O

۱۱۱. بیشک وہ میرے ماننے والے بندوں سے ہیں O

۱۱۲. اور خوش خبری دی ہم نے انہیں اسحاق کی، نبی لیاقت
مندوں سے O

۱۱۳۔ اور برکت بھیجی ہم نے ان پر اور اسحاق پر، اور ان دونوں کی اولاد سے کوئی احسان والا ہے اور کوئی اپنے اوپر علانیہ اندھیرا مچانے والا O

۱۱۴۔ اور بیشک احسان فرمایا ہم نے موسیٰ و ہارون پر O

۱۱۵۔ اور بچا لیا انہیں اور ان کی قوم کو بڑی بے چینی سے O

۱۱۶۔ اور مدد فرمائی ہم نے ان کی، تو ہوئے وہی جیتے ہوئے O

۱۱۷۔ اور دیا ہم نے ان دونوں کو روشن کتاب O

۱۱۸۔ اور ہدایت فرمائی ان کی سیدھی راہ کو O

۱۱۹۔ اور چھوڑ دکھا دونوں کی بلندی ذکر کو پچھلوں میں O

۱۲۰۔ کہ ''سلام ہو موسیٰ و ہارون پر'' O

۱۲۱۔ بیشک ہم اسی طرح ثواب دیتے ہیں احسان والوں کو O

۱۲۲۔ بیشک وہ دونوں ہمارے ماننے والے بندوں سے ہیں O

۱۲۳۔ اور بیشک الیاس پیغمبروں سے ہیں O

73

۱۲۴.   جب کہ کہا اپنی قوم کو کہا "کیا تم لوگ نہیں ڈرتے ؟ O

۱۲۵.   کیا دہائی دیتے ہو بعل کی، اور چھوڑے ہوئے ہو نہایت اچھے خالق کو O

۱۲۶.   اللہ کو، اپنے رب کو، اور اپنے اگلے باپ دادوں کے رب کو O

۱۲۷.   تو جھٹلایا لوگوں نے ان کو، تو بیشک وہ پکڑ کر حاضر کیے جائیں گے O

۱۲۸.   مگر اللہ کے مخلص بندے O

۱۲۹.   اور چھوڑ رکھا ہم نے ان کی بلندی ذکر کو پچھلوں میں O

۱۳۰.   کہ "سلام ہو الیاس پر" O

۱۳۱.   بیشک ہم اسی طرح ثواب دیتے ہیں احسان والوں کو O

۱۳۲.   بیشک وہ ہمارے ماننے والے بندوں سے ہیں O

۱۳۳.   اور بیشک لوط، یقیناً پیغمبروں سے ہیں O

۱۳۴۔ جب کہ بچا لیا ہم نے انہیں اور ان کے سب لوگوں کو O

۱۳۵۔ مگر ایک بڑھی پچھڑ جانے والے سے O

۱۳۶۔ پھر تہس نہس کر دیا ہم نے اوروں کو O

۱۳۷۔ اور تم لوگ خود گزرتے رہتے ہو ان پر صبح کو O

۱۳۸۔ اور رات میں، تو کیا عقل سے کام نہیں لیتے؟ O

۱۳۹۔ اور بلاشبہ یونس، یقیناً پیغمبروں سے ہیں O

۱۴۰۔ جب بھاگ نکلے بھری کشتی کی طرف O

۱۴۱۔ تو قرعہ ڈالا، تو وہ ہوئے ہار جانے والوں سے O

۱۴۲۔ تو نگل لیا انہیں مچھلی نے، اور وہ اپنے کو برا بھلا کہہ رہے تھے O

۱۴۳۔ تو اگر نہ ہوتی یہ بات کہ وہ تھے تسبیح کرنے والوں سے O

۱۴۴۔ ضرور ٹھہرے رہتے اس کے پیٹ میں اس دن تک، کہ لوگ اٹھائے جائیں O

۱۴۵۔   تو نکال پھینکا ہم نے انہیں میدان پر اور وہ بیمار ہیں O

۱۴۶۔   اور اگا دیا ہم نے ان پر کدو کی بیل O

۱۴۷۔   اور بھیجا ہم نے انہیں ایک لاکھ، بلکہ زیادہ کی طرف O

۱۴۸۔   تو مان گئے وہ سب، چنانچہ رہنے سہنے دیا ہم نے انہیں ایک مدت تک O

۱۴۹۔   تو ان سے پوچھو کہ "کیا تمہارے رب کے لیے بیٹیاں ہیں، اور تمہارے لیے بیٹے؟" O

۱۵۰۔   یا کیا پیدا کیا ہم نے فرشتوں کو مادہ، اور وہ حاضر تھے؟ O

۱۵۱۔   یاد رکھو کہ بلاشبہ اپنی بہتان بازی سے بک رہے ہیں O

۱۵۲۔   کہ "اللہ نے جنا"، اور بلاشبہ وہ یقیناً جھوٹے ہیں O

۱۵۳۔   کیا چنا اس نے بیٹیوں کو بیٹوں پر؟ O

۱۵۴۔   تمہیں کیا ہو گیا ہے؟ کیسا حکم لگاتے ہو O

۱۵۵۔   تو کیا کچھ نہیں سوچتے؟ O

۱۵۶۔ یا تمہارے لیے کوئی روشن سند ہے؟ O

۱۵۷۔ تو لاؤ اپنی کتاب، اگر سچے ہو O

۱۵۸۔ اور بنا لیا ان لوگوں نے اپنے اور دیوؤں کے درمیان نسب، حالانکہ یقیناً معلوم ہے جنوں کو، کہ وہ حاضر کیے جائیں گے O

۱۵۹۔ پاکی ہے اللہ کی اس سے جو یہ لوگ بولتے ہیں O

۱۶۰۔ مگر اللہ کے مخلص بندے O

۱۶۱۔ تو بیشک تم اور جس کو پوجتے ہو O

۱۶۲۔ تم سب، ان پر فتنہ نہیں چلا سکتے O

۱۶۳۔ مگر اس پر جو دہکتی آگ میں جانے والا ہے O

۱۶۴۔ اور نہیں ہم فرشتوں میں سے، مگر اس کا ایک مقام معلوم ہے O

۱۶۵۔ اور بلاشبہ ہم صف باندھے کھڑے ہیں O

۱۶۶۔ اور بیشک ہم تسبیح کرنے والے ہیں O

۱۶۷. اور یہ لوگ کہا کرتے تھے O

۱۶۸. کہ ''اگر ہمارے پاس کوئی نصیحت ہوتی اگلوں سے O

۱۶۹. تو ضرور ہم ہوتے اللہ کے کھرے بندے O

۱۷۰. پھر انہوں نے انکار کردیا اس کا، تو جلد معلوم کرلیں گے O

۱۷۱. اور بیشک پہلے سے ہو چکی ہماری بولی اپنے پیغمبر بندوں
کے لے O

۱۷۲. کہ ''بلاشبہ انہیں کی مدد کی جائے گی O

۱۷۳. اور بیشک ہمارا ہی لشکر جیتے گا O

۱۷۴. تو منہ پھیر لو ان سے کچھ وقت تک O

۱۷۵. اور دیکھتے رہو انہیں، کہ جلد ہی یہ لوگ بھی دیکھ لیں گے O

۱۷۶. تو کیا ہمارے عذاب کی جلدی مچاتے ہیں؟ O

۱۷۷. وہ تو جہاں اترا ان کے آنگن میں، تو کیسی بری صبح ہوئی ان کی،
جو ڈرائے گئے ہیں O

۱۷۸۔ اور منہ پھیر لو ان سے کچھ وقت تک o

۱۷۹۔ اور دیکھتے رہو کہ جلد ہی یہ لوگ بھی دیکھ لیں گے o

۱۸۰۔ پاکی ہے تمہارے رب کی، بڑی عزت والا، اس سے جو یہ لوگ بکتے ہیں o

۱۸۱۔ اور سلام ہے رسولوں پر o

۱۸۲۔ اور حمد اللہ کی، پروردگار سارے عالم کا o

۳۸۔ سورۃ ص

نام سے اللہ کے بڑا مہربان بخشنے والا۔ O

۱۔ ص، قسم ہے نصیحت والے قرآن کی O

۲۔ بلکہ جنہوں نے انکار کیا، ڈینگ اور دشمنی میں ہیں O

۳۔ کتنے برباد کر دیے ہم نے ان سے پہلے اہل زمانہ، تو ہائے پکار لگائی، اور نہ تھا وقت رہائی کا O

۴۔ اور یہ لوگ تعجب میں پڑ گئے کہ آیا ہے ان کے پاس ایک ڈر سنانے والا انہیں سے، اور بولے کافر لوگ کہ '' یہ جادوگر جھوٹے ہیں O

۵.	کیا بنا دیا بہت سے معبودوں کو ایک معبود۔ بیشک یہ عجیب بات ہے O

۶.	اور چل دیے ان میں سے سردار لوگ کہ "چلے چلو اور جمے رہو اپنے معبودوں پر، بیشک یہ کوئی مطلب کی بات ہے O

۷.	ہم نے تو نہیں سنا اسے پچھلے دین میں بھی۔ یہ نہیں ہے مگر گڑھنت O

۸.	یا اتاری گئی نصیحت ان پر ہمارے درمیان، بلکہ وہ شک میں ہیں میری نصیحت کی طرف سے، بلکہ ابھی چکھا نہیں ہے میرا عذاب O

۹.	کیا انہیں کے پاس ہیں خزانے تمہارے رب، عزت والے بڑی عطاء والے کی رحمت کے O

۱۰.	یا انہیں کی ہے سلطنت آسمانوں اور زمین اور ان کے درمیان کی چیز کی تو پھر چڑھ جائیں رسیوں کو لٹکا کر O

۱۱.	یہ ایک لشکر ہے یہاں شکست دیے ہوئے لشکروں سے O

۱۲۔ جھٹلایا ان سے پہلے قوم نوح (علیہ السلام) نے اور دعا، اور میخوں والے فرعون نے O

۱۳۔ اور ثمود و قوم لوط اور جھاڑی والوں نے، یہ ہیں وہی لشکر O

۱۴۔ ان سبھوں نے بس جھٹلا دیا رسولوں کو، تو بالکل درست ہوا میرا عذاب O

۱۵۔ اور نہیں انتظار کرتے یہ لوگ، مگر ایک چیخ کا، کہ نہیں جس کے لیے کچھ بھی پھر جانا O

۱۶۔ اور بولے کہ ''پروردگار! جلدی دے دے ہمیں ہمارا حصہ، حساب کے دن سے پہلے'' O

۱۷۔ صبر کرو اس پر، جو وہ بکتے ہیں اور یاد کرو ہمارے زور دار بندے داؤد کو، بیشک وہ بڑے رجوع کرنے والے ہیں O

۱۸۔ بیشک ہم نے قابو میں کر دیا پہاڑوں کو، ان کے ساتھ تسبیح کرتے، شام کو اور سورج نکلتے وقت O

۱۹۔   اور پرند اکٹھا ہو کر، سب ان کے فرمانبردار تھے O

۲۰۔   اور مضبوط کر دیا ہم نے ان کی حکومت کو، اور دیا ہم نے انہیں حکمت اور ہر بات کا فیصلہ O

۲۱۔   اور کیا آئی تمہارے پاس خبر ان جھگڑنے والوں کی جب کہ وہ لوگ دیوار پھاند کر آئے مسجد میں O

۲۲۔   جب وہ لوگ داخل ہوئے داؤد پر، تو وہ گھبرا گئے، ان لوگوں سے، وہ سب بولے کہ "ڈریے نہیں، دو فریق ہیں کہ زیادتی کی ایک نے دوسرے پر، تو فیصلہ کر دیجئے ہمارے درمیان بالکل ٹھیک اور جبر و جنبہ داری نہ کیجئے، اور بتا دیجئے ہمیں سیدھی راہ O

۲۳۔   بلاشبہ یہ میرا بھائی ہے اس کی ننانوے دنبیاں ہیں، اور میری ایک دنبی ہے تو یہ بولا کہ میرے سپرد کر دے اس کو بھی اور دباؤ ڈالا مجھ پر بات چیت میں O

۲۴.	جواب دیا کہ ''بیشک اس نے ظلم کیا تم پر مانگ کر تیری دنبی کو اپنی دنبیوں میں۔ اور بیشک بہتیرے ساجھے والے زیادتی کرتے رہتے ہیں ایک دوسرے پر، مگر جو ایمان لائے اور نیکیاں کیں، اور وہ بہت کم ہیں''۔ اور سمجھ گئے داؤد کہ ''یہ ہم نے انہیں کو آزمایا تھا،'' تو مغفرت چاہی اپنے رب کی اور گرے رکوع کرتے ہوئے اور رجوع کر لیا O

۲۵.	تو ہم نے درگزر کر دیا یہ ان سے۔ اور بیشک ان کے لیے ہمارے پاس یقیناً قرب ہے، اور اچھا انجام O

۲۶.	''اے داؤد (علیہ السلام)! ہم نے بنایا تمہیں نائب زمین میں، تو حکم دیا کرو لوگوں میں بالکل ٹھیک، اور نہ پیروی کرو خواہش کی، کہ بے راہ کر سکے تمہیں اللہ کی راہ سے''۔ بیشک جو بے راہ ہو جائیں اللہ کی راہ سے، انہیں کے لیے سخت عذاب ہے، جو بھول گئے تھے حساب کا دن O

۲۷.	اور نہیں پیدا فرمایا ہم نے آسمان و زمین اور ان کے درمیان
کی چیز کو بیکار، یہ گمان ہے ان کا جنھوں نے کفر کیا، تو ہلاکی ہے ان
کے لیے جنھوں نے کفر کیا، آگ سے O

۲۸.	کیا ہم قرار دیں انھیں، جو ایمان لائے اور لیاقت مندیاں
کیں، ان کی طرح، جو فساد مچانے والے ہیں زمین میں، یا قرار دیں ڈر
جانے والوں کو بدکاروں کی طرح O

۲۹.	یہ کتاب ہے اتارا ہم نے اس کو تمہاری طرف برکت سے
بھری، تاکہ سوچیں، اس کی آیتوں کو اور نصیحت پائیں عقل والے O

۳۰.	اور بخشا ہم نے داؤد (علیہ السلام) کو سلیمان، کیسا اچھا بندہ،
بیشک وہ بڑے فرمانبردار ہیں O

۳۱.	جب پیش کیے گئے ان پر سہ پہر کو گھوڑے، ایک سم پر
کھڑے ہونے والے تیز رفتار O

۳۲.   تو بولے کہ ''مجھے ان اچھے گھوڑوں کی محبت پیاری لگی، اپنے پروردگار کی یاد دلانے کی وجہ سے'' یہاں تک کہ چل کر آنکھوں کے پردے سے چھپ گئےO

۳۳.   تو لوٹا لاؤ اب انہیں مجھ پر'' تو ہاتھ پھیرنے لگے پنڈلیوں اور گردنوں پرO

۳۴.   اور بیشک آزمایا ہم نے سلیمان کو، اور ڈال دیا ان کے تخت پر جسم بے جان، پھر انہوں نے رجوع کیاO

۳۵.   دعا کی ''پروردگار! بخش دے مجھے، اور دے ڈال مجھ کو ایسی حکومت کہ مناسب نہ ہو کسی کے لیے میرے بعد۔ بیشک تو ہی بڑا عطا فرمانے والا ہے''O

۳۶.   تو قابو میں کر دیا ہم نے ان کو ہوا کو، چلتی ان کے حکم سے آہستہ آہستہ جہاں پہنچنا چاہتےO

۳۷.   اور دیوؤں کو، سارے معماروں اور غوطہ خوروں کوO

۳۸۔ اور دوسرے بھی جکڑے ہوئے زنجیروں میں O

۳۹۔ یہ ہے ہمارا دینا، تو احسان کرو یا روک رکھو، کوئی حساب نہیں O

۴۰۔ اور بیشک ان کے لیے ہمارے ہاں یقیناً قرب ہے اور اچھا انجام O

۴۱۔ اور یاد کرو ہمارے بندے ایوب کو جب کہ پکارا اپنے رب کو کہ ''مجھ کو لگا دی شیطان نے تکلیف اور دکھ'' O

۴۲۔ تو حکم ہوا کہ ''مارو زمین میں اپنے پاؤں سے، یہ نہانے کا ٹھنڈا چشمہ ہے، اور پینے کو O

۴۳۔ اور عطا فرمایا ہم نے انہیں ان کی پہلی اہل کو، اور اسی قدر ان کے ساتھ رحمت ہماری طرف سے، اور یادگار عقل والوں کے لیے O

۴۴.	اور لو اپنے ہاتھ میں ایک جھاڑو، تو مار دو اسی سے اہلیہ کو، اور قسم نہ توڑو بیشک ہم نے پایا انہیں صبر کرنے والا۔ کیسا اچھا بندہ، بیشک وہ فرمانبردار تھے O

۴۵.	اور یاد کرو ہمارے بندے ابراہیم و اسحاق و یعقوب کو، بازوؤں والے اور آنکھوں والے O

۴۶.	بیشک ہم نے کندن کر دیا تھا انہیں ایک کھری بات سے، جو ان کے گھرانے کی یادگار رہے O

۴۷.	اور بیشک وہ ہمارے یہاں چنے ہوئے بہتر لوگوں سے ہیں O

۴۸.	اور یاد کرو اسماعیل و الیسع و ذوالکفل کو، اور سب اچھے لوگوں سے ہیں O

۴۹.	یہ نصیحت ہے، اور بیشک ڈرنے والوں کا یقیناً اچھا انجام ہے O

۵۰. ہمیشہ کے باغ، کھلے ہوئے ان کے لیے سارے دروازے O

۵۱. تکیہ لگائے ہیں اس میں، طلب کر رہے ہیں اس میں بہت سے میوے اور شراب O

۵۲. اور ان کے پاس انہیں پر آنکھ رکھنے والی ہم سن ہیں O

۵۳. یہ ہے جس کا وعدہ کیا جاتا ہے تم سے حساب کے دن کا O

۵۴. بیشک یہ ہے ہماری روزی، نہیں ہے اسے کبھی ختم ہونا O

۵۵. انہیں تو یہ ہے، اور بیشک سرکشوں کے لیے یقیناً برا انجام ہے O

۵۶. جہنم، جس میں یہ جائیں گے، تو کتنا برا بستر ا ہے O

۵۷. ''یہ دیکھو، اب اس کو چکھو، کھولتا پانی ہے اور پیپ'' O

۵۸. اور دوسری اسی صورت کے جوڑے O

۵۹. ''دیکھو یہ ایک فوج دھنسی پڑتی ہے تمہارے ساتھ''۔ بولے، ''نہ کھلی جگہ ملے انہیں، بیشک یہ آگ میں جانے والے ہی ہیں''O

۶۰. یہ لوگ بولے، ''بلکہ تم ہو کہ کھلی جگہ تمہیں نہ میسر ہوں، تم ہی آگے لائے اس کو ہمارے لیے بھی، ''تو کتنا برا ٹھہراؤ ہےO

۶۱. یہ بولے کہ ''پروردگار! جو آگے لایا ہمارے لیے اس عذاب کو، تو بڑھا دے اس کو دونا عذاب جہنم میں''O

۶۲. اور کہنے لگے کہ ''ہمیں کیا ہے کہ ہم نہیں دیکھ رہے ہیں ان مردوں کو، جن کو ہم شمار کیا کرتے تھے بروں سے؟O

۶۳. کیا ہم نے محض ہنسی بنا رکھی تھی یا چکرا گئی ہیں ان کی طرف سے ہماری آنکھیں؟''O

۶۴. بیشک یہ بالکل ٹھیک ہے جہنمیوں کی لڑائیO

۶۵۔   کہہ دو کہ "میں ہی ڈر کا سنا دینے والا ہوں، اور نہیں ہے کوئی معبود سوا اللہ واحد قہار کے O

۶۶۔   پروردگار آسمانوں اور زمین اور جو ان کے درمیان ہے سب کا، عزت والا مغفرت والا ہے O

۶۷۔   کہہ دو کہ "یہ بہت بڑا پیغام ہے O

۶۸۔   تم اس کے انکاری ہو O

۶۹۔   نہ ہونا مجھے کچھ علم عالم بالا کا، جب کہ فرشتے بحث کرتے تھے O

۷۰۔   یہی وحی کی جاتی ہے میری طرف کہ میں بس صاف صاف ڈر سنا دینے والا ہوں O

۷۱۔   جب کہ فرمایا تمہارے رب نے فرشتوں کو کہ میں پیدا کرنے والا ہوں ایک چہرے مہرے والے کو مٹی سے O

۷۲. تو جہاں میں نے سڈول کر لیا اسے، اور پھونکا اس میں اپنی طرف سے روح، تو گر جاؤ اس کا سجدہ کرتے ہوئے O

۷۳. تو سجدہ کیا سارے فرشتوں نے سب کے سب O

۷۴. مگر ابلیس نے، بڑا بننے لگا، اور وہ تھا ہی کافر ہو جانے والوں سے O

۷۵. فرمایا "اے ابلیس! کس چیز نے روکا تجھ کو سجدہ کرنے سے اس کے، جس کو بنایا میں نے اپنے ہاتھ سے، کیا ڈینگ کی لی تو نے، یا تھا ہی تو میرے حکم سے بالا بننے والوں سے" O

۷۶. بولا، "میں بہتر ہوں ان آدم سے، تو نے پیدا کیا مجھے آگ سے اور تو ہی نے پیدا کیا اسے مٹی سے" O

۷۷. فرمایا، "تو نکل جا یہاں سے، کہ تو بیشک مردود ہے O

۷۸. اور بے شے تجھ پر میری پھٹکار ہے قیامت تک" O

۷۹.	بولا، ''پروردگار! تو مہلت دے مجھ کو اس دن تک، کہ لوگ
اٹھائے جائیں گے O

۸۰.	فرمایا، ''بیشک تجھے مہلت دی گئی O

۸۱.	وقت معلوم کے دن تک O

۸۲.	بولا، ''پھر تو تیری عزت کی قسم، ضرور گمراہ کر دوں گا ان
سب کو O

۸۳.	مگر تیرے کھرے بندے کو O

۸۴.	فرمایا، ''تو ٹھیک، اور میں ٹھیک ہی فرماتا ہوں O

۸۵.	کہ ضرور بھر دوں گا میں جہنم کو تجھ سے، اور ان سب سے،
جنھوں نے پیروی کی تیری ان میں سے O

۸۶.	کہہ دو کہ ''نہیں مانگتا میں تم سے اس پر کئی اجر، اور نہ میں
تکلف کرنے والوں سے ہوں O

۸۷.	یہ بس نصیحت ہے سارے جہان کے لیے O

۸۸.   اور ضرور معلوم کر لو گے اس کے پیغام کو کچھ مدت بعد 0

۳۹۔ سورۃ الزمر

نام سے اللہ کے بڑا مہربان بخشنے والا۔ O

۱۔ اتارنا کتاب کا اللہ عزیز حکیم کی طرف سے ہے O

۲۔ بیشک ہم نے نازل فرمایا تمہاری طرف اس کتاب کو بالکل درست، تو پوجو اللہ کو، اسی کے قانون کا عقیدہ رکھ کر O

۳۔ یاد رکھو کہ اللہ ہی کے لیے ہے دین خالص، اور جنہوں نے بنا لیا اس کے خلاف دوسرے والی کہ "ہم لوگ نہیں پوجتے انہیں، مگر تاکہ نزدیک کر دیں ہمیں اللہ کے پاس"۔ بیشک اللہ فیصلہ فرمائے

گا ان کے درمیان، جس میں یہ لوگ، جھگڑ رہے ہیں بیشک اللہ نہیں راہ دیتا اسے، جو جھوٹا ناشکرا ہے O

۴. اگر ممکن ہوتا کہ اللہ بنا لے اپنے لیے بچہ، تو چن لیتا اپنی مخلوق سے جو چاہتا، پاکی ہے اس کی، وہی ہے ایک اللہ، غلبے والا O

۵. پیدا فرمایا آسمانوں اور زمین کو سراپا حق، لپیٹتا رہتا رات کو دن پر، اور لپیٹتا رہتا ہے دن کو رات پر اور قابو میں رکھا سورج اور چاند کو، سب چل رہے ہیں مقرر میعاد کے لیے، یاد رکھو کہ ''ہی عزت والا مغفرت والا ہے'' O

۶. آٹھ جوڑے۔ پیدا فرماتا ہے تم لوگوں کو تمہاری ماؤں کے شکم میں، ایک شکل کے بعد دوسری شکل، تین کوٹھریوں کے اندر، یہ ہے اللہ، تمہارا رب، اسی کی سلطنت ہے۔ نہیں ہے کوئی معبود اس کے سوا، تو کدھر پھیرے جاتے ہو O

۷.   اگر تم لوگوں نے نہ مانا، تو بلاشبہ اللہ بے نیاز ہے تم سے اور نہیں پسند فرماتا اپنے بندوں کا کفر۔ اور اگر شکر گزار تم لوگ ہو جاؤ، تو پسند فرماتا ہے اس کو تمہارے ہی بھلے کو، اور نہیں اٹھاتا کوئی بوجھ والا دوسرے کے بوجھ کو، پھر اپنے رب ہی کی طرف تم لوگوں کا لوٹنا ہے، پھر وہ بتا دے گا تمہیں جو کیا کرتے تھے، بیشک وہ سینوں کی بات کا جاننے والا ہے O

۸.   اور جب پہنچی انسان کو کوئی مصیبت، تو پکارنے لگا اپنے رب کو رجوع کرتا ہوا اس کی طرف، پھر جب دی اسے کوئی نعمت اپنی طرف سے، تو بھول گیا جو دہائی دیتا تھا اللہ کی پہلے، اور بنا لیا اللہ کے برابری والوں کو، تاکہ گمراہ کر دے اس کے راستے سے، کہہ دو ''رہ لے اپنے کفر کے ساتھ کچھ دن، بیشک تو جہنمیوں سے ہے'' O

۹.   کیا وہ جو عباد گزار رہے رات کے اوقات میں، سجدہ کرتا اور کھڑا رہتا، ڈر رہا ہے آخرت کو، اور امید رکھتا ہے اپنے رب کی رحمت

کی، پوچھو کہ "کیا برابر ہیں جو علم رکھتے ہیں اور جو بے علم ہیں؟" نصیحت قبول کرتے ہیں بس عقل والے O

۱۰. تم کہو کہ "اے میرے وہ بندو جو ایمان لا چکے، ڈرتے رہو اپنے رب کو" ان کے لیے جنھوں نے بھلائی کی اس دنیا میں بھلائی ہے۔ اور اللہ کی زمین کشادہ ہے، بھرپور دیے جاتے ہیں صبر کرنے والے ہی اپنا اجر، بے حساب O

۱۱. کہہ دو کہ 'بلاشبہ حکم دیا گیا ہے مجھے کہ پوجتا رہوں اللہ کو مخلصانہ عقیدے کے ساتھ O

۱۲. اور مجھے حکم دیا گیا ہے کہ ہوں سب سے پہلا مسلمان" O

۱۳. کہہ دو کہ "بلاشبہ میں ڈرتا ہوں اگر نافرمانی کرتا اپنے رب کی، بڑے دن کے عذاب کو" O

۱۴. کہہ دو کہ "اللہ کو پوجتا رہتا ہوں اپنے مخلصانہ عقیدے سے O

۱۵. تو تم لوگ پوج دیکھو جسے چاہو اس کے خلاف۔ کہہ دو کہ بیشک گھاٹے والے وہ ہیں جنہوں نے گھاٹے میں ڈالا اپنے کو، اور اپنے والوں کو، قیامت کے دن۔ خبردار یہی کھلا ہوا گھاٹا ہے O

۱۶. انہیں کے لیے ہے کہ ''ان کے اوپر آگ گھیرے ہے اور ان کے نیچے سے گھیرے ہے''۔ یہ ہے جس سے ڈراتا ہے اللہ اپنے بندوں کو، ''اے میرے بندو! تو مجھے ڈرو'' O

۱۷. اور جو بچے رہے بتوں سے کہ اسے پوجتے، اور رکوع کیا اللہ کی طرف، انہیں کے لیے خوش خبری ہے۔ تو خوش خبری دو میرے بندوں کو O

۱۸. جو سنتے رہیں بات، پھر پیروی کریں اس کی بہتر تعلیم کی، یہی ہیں جنہیں راہ دی اللہ نے، اور وہی عقل والے ہیں O

۱۹. تو کیا جس پر درست ہو چکی عذاب کی بات، تو ''کیا رہائی چاہو گے اس کی جو جہنمی ہی ہے؟'' O

۲۰. لیکن جو ڈرے اپنے رب کو، ان کے لے بالا خانے پر بالاخانے بنے ہوئے ہیں۔ بہتی ہیں ان کے نیچے نہریں اللہ کا وعدہ ہے، نہیں خلاف کرتا اللہ وعدے کے O

۲۱. کیا نہیں دیکھا کہ بلا شبہ اللہ نے اتارا آسمان کی طرف سے پانی، پھر جاری کیا اس سے چشمے زمین میں، پھر نکالتا ہے اسی سے کھیتی رنگا رنگ کی، پھر وہ سوکھ جاتی ہے تو دیکھتے ہو اس کو زرد، پھر کر دیتا ہے اس کو چورا چورا، بیشک اس میں سبق ہے عقل والوں کے لیے O

۲۲. تو کیا شک کہ ''وہ شخص کہ کھول دیا اللہ نے جس کا سینہ اسلام کے لیے، تو وہ روشنی پر ہے اپنے رب کی طرف سے'' تو ہلاکی ہے ان کے لیے کہ ''سخت ہیں جن کے دل اللہ کی یاد سے، وہ لوگ کھلی گمراہی میں ہیں'' O

۲۳. اللہ نے اتاری سب سے بہتر بات کی کتاب، باہم برابر ملتی جلتی، دوہرے بیان کی۔ رونگٹے کی طرح تھرا اٹھیں جس سے بدن، ان

کے جو ڈریں اپنے رب کو، پھر نرم ہو جائیں ان کے اعضاء و دل اللہ

کی یاد کی طرف۔ یہ اللہ کی ہدایت ہے، ہدایت دے اس کی جسے چاہے

اور جسے بے راہ رکھے اللہ، تو نہیں ہے اسے کوئی راہ دینے والا O

۲۴. تو کیا راہ ہوئی اس کی، جو بچت کی ڈھال بنائے اپنے چہرے

کو برے عذاب سے قیامت کے دن، اور کہہ دیا گیا ظالموں کو کہ ''چکھتے

رہو جو کماتے تھے'' O

۲۵. جھٹلایا انہوں نے جو ان سے پہلے ہوئے، تو آیا ان پر عذاب

جہاں سے وہ بےخبر تھے O

۲۶. تو چکھا دیا انہیں اللہ نے رسوائی کو دنیاوی زندگی میں، اور یقیناً

آخرت کا عذاب بہت بڑا ہے کاش یہ جانتے! O

۲۷. اور بیشک بیان فرمایا ہم نے لوگوں کے لیے اس قرآن

میں، ہر طرح سے، کہ یہ نصیحت قبول کریں O

۲۸. قرآن عربی زبان، جس میں کچھ بھی کجی نہیں، کہ لوگ ڈریں O

۲۹۔ ضرب المثل فرمایا اللہ نے کہ "ایک غلام ہے جس میں کئی ساجھے والے ہیں، سب بد طینت، اور ایک غلام صرف ایک شخص کا، کیا دونوں کی مثال برابر ہے؟ الحمدللہ"۔ بلکہ ان کے بہتیرے تو نادان ہیں O

۳۰۔ بیشک تمہاری موت آنی ہے اور بلا شبہ وہ لوگ بھی مر جانے والے ہیں O

۳۱۔ پھر بلا شبہ تم لوگ قیامت کے دن اپنے رب کے پاس جھگڑو گے O

۳۲۔ تو اس سے زیادہ ظالم کون ہے، جو جھوٹ لگائے اللہ پر، اور جھٹلا دیا سچائی کو، جب آ گئی اس کے پاس، کیا نہیں ہے جہنم میں ٹھکانہ کافروں کا؟ O

۳۳۔ اور جو لایا سچائی کو، اور تصدیق کی اس کی، وہی پرہیز گار ہیں O

۳۴.	انہیں کے لیے ہے جو چاہیں اپنے رب کے یہاں، یہ ثواب ہے احسان والوں کا O

۳۵.	تاکہ اتار دے اللہ ان سے بڑی سے بڑی برائی جو انہوں نے کی، اور ثواب دے انہیں بڑی سے بڑی نیکی کا جو کر چکے تھے O

۳۶.	کیا نہیں ہے اللہ کافی اپنے بندے کو؟ اور ڈراتے ہیں تم کو ان سے، جو اللہ کے خلاف ہیں۔ اور جس کو بے راہ رکھے اللہ تو نہیں ہے اس کا کوئی راہ دینے والا O

۳۷.	اور جسے راہ دے اللہ، تو نہیں اس کا گمراہ کرنے والا، کیا نہیں ہے اللہ عزت والا انتقام لینے والا؟ O

۳۸.	اور اگر پوچھا تم نے ان سے کہ "کس نے پیدا کیا آسمانوں اور زمین کو؟ تو ضرور کہہ دیں گے کہ "اللہ"۔ پوچھو کہ "ذرا بتاؤ، کہ جس کی دہائی دیتے ہو اللہ کے خلاف، اگر اللہ نے چاہا مجھے نقصان پہچانا، تو کیا وہ اس کی نقصان رسانی کو دور کر دیں گے؟ یا اللہ نے چاہا مجھ پر رحمت

بھیجنا، تو کیا وہ اس کی رحمت کو روک دیں گے؟" کہو کہ "کافی ہے مجھے اللہ، اسی پر بھروسہ رکھیں والے" O

۳۹۔ کہہ دو کہ "اے میری قوم! تم لوگ کر گزرو اپنی جگہ، میں بھی اپنا عمل کر رہا ہوں، تو جلد ہی جان لو گے O

۴۰۔ کہ کون ہے کہ آتا ہے اس پر عذاب، جو رسوا کر دے اسے، اور اترے اس پر ٹھہر جانے والا عذاب O

۴۱۔ بیشک ہم نے اتارا تم پر کتاب کو سب لوگوں کے لیے بالکل حق، تو جس نے ہدایت پائی، تو اپنے ہی بھلے کو، اور جو بے راہ ہوا، تو اپنے برے کو بے راہ ہوتا ہے، اور نہیں تم ان کے ذمہ دار O

۴۲۔ اللہ پوری کر دیتا ہے زندگیوں کو ان کی موت کے وقت، اور جنہیں جاگتے موت نے آئی، تو اس کے سوتے میں، چنانچہ روک لیتا ہے جس کا فیصلہ فرما دیا موت کا، اور چھوڑ دیتا ہے باقی کو مقرر میعاد تک بیشک اس میں ضرور نشانیاں ہیں ان کے لیے جو سوچیں O

۴۳.	کیا بنا لیا انھوں نے اللہ کے خلاف کو اپنے سفارشی۔ پوچھو
کہ "کیا گو نہ اختیار رکھیں کسی چیز کا، اور نہ عقل رکھیں؟" O

۴۴.	کہہ دو کہ "اللہ ہی کے ہاتھ میں ہے ساری سفارش، اسی کی
ہے شاہی آسمانوں اور زمین کی، پھر اسی کی طرف لوٹائے جاؤ
گے" O

۴۵.	اور جب ذکر کیا گیا ایک اللہ کا، تو سکڑ گئے دل ان کے، جو
نہیں مانتے آخرت کو، اور جب یاد کی گئی ان کی جو اللہ کے خلاف ہیں،
اس وقت وہ خوش ہوتے ہیں O

۴۶.	تم کہو کہ "یا اللہ! بنانے والا آسمانوں اور زمین کا، جاننے والا
غیب وشہادت کا، تو فیصلہ فرمائے گا اپنے بندوں کے درمیان، جس
میں وہ جھگڑا کرتے تھے" O

۴۷.	اور اگر واقعی ہو جائے ان کا جنھوں نے اندھیر مچایا تھا جو کچھ
ہے زمین میں سب، اور اتنا ہی اور اس کے ساتھ، تو ضرور دے

ڈالتے چھٹکارے کو برے عذاب سے، قیامت کے دن، اور ظاہر ہوا انہیں اللہ کی طرف سے، جس کا گمان نہ کرتے تھے O

۴۸۔ اور ظاہر ہوگئیں انہیں جو کما چکے تھے برائیاں، اور پھٹ پڑا اس ان پر جس کا مذاق اڑاتے تھے O

۴۹۔ تو جب پہنچا انسان کو نقصان، "تو دہائی دینے لگا میری،" پھر جب دی ہم نے اسے کوئی نعمت اپنی طرف سے، تو بولا کہ "مجھے بس دیا گیا ہے یہ علم کی بنا پر" بلکہ وہ نعمت ایک آزمائش ہے، لیکن ان کے بہت یرے نادان ہیں O

۵۰۔ بیشک یہ کہہ چکے ہیں، جو ان سے پہلے ہوئے، تو نہیں کام آیا ان کے جو کماتے تھے O

۵۱۔ تو پہنچیں انہیں برائیاں اس کی جو کمایا تھا، اور جنہوں نے اندھیر کر رکھا ہے، ان لوگوں میں سے جلد سے جلد پہنچیں گی انہیں بھی برائیاں اس کی جو کما رکھا ہے، اور نہیں ہیں یہ ہرا سکنے والے O

۵۲.	کیا انہوں نے نہ جانا کہ ''بلا شبہ اللہ کشادگی دیتا ہے روزی کی جسے چاہے اور تنگی بھی دیتا ہے۔ بیشک اس میں ضرور نشانیاں ہیں ان کے لیے جو مانیں'' O

۵۳.	تم یوں کہو کہ ''اے میرے وہ بندو! جنہوں نے زیادتی کی ہے اپنی جانوں پر، 'ناامید نہ ہو اللہ کی رحمت سے'۔ بیشک اللہ بخش دیتا ہے سارے گناہوں کو، کہ یقیناً وہی بخشنے والا رحم والا ہے O

۵۴.	اور توبہ کر ڈالو اپنے رب کی طرف، اور گردن جھکا دو اس کے لیے قبل اس کے، کہ آئے تم پر عذاب، پھر تمہاری مدد نہ کی جائے گی O

۵۵.	اور پیروی کرو اس بہتر کی، جو اتارا گیا تم لوگوں کی طرف تمہارے رب کی طرف سے، قبل اس کے، کہ آئے تم پر عذاب اچانک، اور تم کو خبر ہی نہ ہو O

۵٦. یہ کہ بول پڑے کوئی جان کہ ''ہائے افسوس اس پر! جو زیادتی کی میں نے اللہ کے بارے میں، اور تھا میں مسخروں سے''O

۵۷. یا بول پڑے کہ ''اگر اللہ نے ہدایت کی ہوتی میری، تو میں بھی ہوتا ڈرنے والوں سے O

۵۸. یا کہہ پڑے جب دیکھ لے عذاب کو کہ ''اگر میری واپسی ہو، تو ہو جاؤں احسان والوں سے''O

۵۹. ہاں کیوں نہیں! یقیناً آئیں تیرے پاس میری آیتیں، تو جھٹلا دیا تو نے اسے، اور غرور کیا اور رہا کافروں سے''O

٦۰. اور قیامت کے دن دیکھو گے انہیں، جنہوں نے جھوٹ رکھا اللہ پر، کہ ان کے چہرے سیاہ کر دیے گئے ہیں۔ ''کیا نہیں ہے جہنم میں ٹھکانہ مغروروں کا؟''O

٦١. اور نجات دے گا اللہ انہیں، جو ڈرا کیے۔ ان کی کامیابی کے سبب نہ پہنچے انہیں کوئی سختی، اور نہ وہ رنجیدہ ہوں O

۶۲. اللہ پیدا فرمانے والا ہے ہر چاہے کا، اور وہ ہر ایک کا کارساز ہے O

۶۳. اسی کی ہیں کنجیاں آسمانوں اور زمین کی، اور جنہوں نے انکار کیا اللہ کی آیتوں کا، وہی خسارہ والے ہیں O

۶۴. کہہ دو کہ کیا اللہ کے غیر کے لیے تم لوگ کہتے ہو مجھے کہ میں پوجوں؟ اے جاہلو! O

۶۵. اور بیشک وحی بھیجی گئی تمہاری طرف اور جو تم سے پہلے ہوئے کہ ''اگر شریک بناتے تم، تو ضرور اکارت جاتے تمہارے عمل، اور یقیناً ہو جاتے تم خسارہ والوں سے O

۶۶. بلکہ اللہ کو تو پوجتے رہو ور رہو شکر گزاروں سے O

۶۷. اور نہیں قدر کی انہوں نے اللہ کی، جیسا کہ اس کا حق ہے، اور زمین ساری اس کی مٹھی میں ہے قیامت کے دن، اور سارے

آسمان لپیٹے ہوئے اس کے دست قدرت میں ہیں، پاکی ہے اس کی،
اور وہ بلند و بالا ہے اس سے جو شریک بناتے ہیں O

۶۸. اور پھونکا گیا صور میں تو بے ہوش ہو گئے، جو آسمانوں میں ہیں اور جو زمین میں ہیں، لیکن جسے اللہ نے چاہا، پھر پھونکا گیا اس میں دوبارہ، تو اس وقت وہ سب کھڑے دیکھ رہے ہوں گے O

۶۹. اور چمک اٹھی زمین، اپنے رب کے نور سے، اور رکھ دیا گیا نوشتہ، اور لائے گئے انبیاء اور ان کے گواہ، اور فیصلہ ہو گیا ان کے درمیان بالکل ٹھیک، اور وہ نہیں ظلم کیے جائیں گے O

۷۰. اور پورا پورا دیا جائے گا ہر ایک، جو کچھ کر رکھا ہے۔ اور وہ خوب جانتا ہے جو کچھ کر رہے ہیں O

۷۱. اور ہانکے گئے جنہوں نے کفر کیا جہنم کی طرف گروہ گروہ۔ یہاں تک کہ جب آ گئے وہاں، تو کھول دیے گئے اس کے دروازے، اور کہا انہیں اس کے سب داروغہ نے کہ کیا نہیں آئے

تمہارے پاس رسول حضرات تم میں سے، تلاوت کرتے تم پر تمہارے رب کی آیتوں کو، اور ڈراتے تم کو تمہارے اس دن کے ملنے سے؟'' سب نے جواب دیا کہ ''کیوں نہیں'' لیکن درست نکلی عذاب کی بات کافروں پر O

۷۲. کہا گیا کہ ''دخل ہو جہنم کے دروازوں میں، ہمیشہ رہنے والے اس میں۔'' تو کتنا برا ٹھکانہ ہے مغروروں کا O

۷۳. اور چلائے گئے جو ڈرتے تھے اپنے رب کو، جنت کی طرف گروہ گروہ۔ یہاں تک کہ جب آئے وہاں اور کھول دیئے گئے اس کے دروازے، اور کہا انہیں اس کے سب داروغہ نے کہ ''سلام ہو تم پر، تم خوب رہے، تم جاؤ اس میں ہمیشہ رہنے کو'' O

۷۴. اور ان سب نے کہا کہ ''ساری حمد اللہ کی، جس نے سچ کر دکھایا ہمیں اپنا وعدہ، اور وارث بنا دیا ہمیں اس سرزمین کا، کہ رہیں

ہم جنت میں جہاں چاہیں''۔ تو کتنا اچھا ثواب ہے کام کرنے والوں کا O

۷۵۔   اور دیکھو گے فرشتوں کو گھیرے ہوئے عرش کے گرداگرد، پاکی بولتے ہیں اپنے رب کی حمد کے ساتھ، اور فیصلہ کر دیا گیا سب لوگوں کے درمیان بالکل حق، اور کہا گا کہ ''ساری حمد اللہ کی، پروردگار سارے جہان کا'' O

۴۰۔ سورۃ غافر/ مؤمن

نام سے اللہ کے بڑا مہربان بخشنے والا۔ O

۱. حمٓ O

۲. یہ اتارنا اس کتاب کا عزت والے علم والے اللہ کی طرف سے ہے O

۳. گناہ کا بخشنے والا اور توبہ کا قبول فرمانے والا، سخت عذاب والا، کرم والا، نہیں ہے کوئی پوجنے کے قابل اس کے سوا، اس کی طرف پھرنا ہے O

۴۔   نہیں جھگڑتے اللہ کی آیتوں میں، مگر جنہوں نے کفر کیا، تو دھوکہ نہ دے سکے تمہیں ان کا چلتے پھرتے رہنا شہروں میں O

۵۔   جھٹلایا تھا ان سے پہلے قوم نوح نے اور کئی امتوں نے ان کے بعد، اور قصد کیا ہر امت نے اپنے اپنے رسول کو، کہ گرفتار کریں انہیں اور جھگڑتے رہے بیکار باتوں سے، تاکہ ڈگمگا دیں اس سے حق کو، تو میں نے پکڑا انہیں کو تو کیسا ہوا میرا عذاب؟ O

۶۔   اور اسی طرح ٹھیک ہوگئی تمہارے رب کی بات ان پر، جنہوں نے کفر کیا، کہ بلاشبہ وہ جہنم والے ہیں O

۷۔   جو اٹھائے ہیں عرش کو، اور جو اس کے گرد اگرد ہیں، پاکی بولتے ہیں اپنے رب کی حمد کے ساتھ، اور مانتے ہیں اسے، اور مغفرت چاہتے ہیں ان کی جو مان گئے ہیں کہ "پروردگار! سمو دیا تو نے ہر چیز میں اپنی رحمت و علم، تو بخش دے انہیں جنہوں نے توبہ کی، اور چلے تیری راہ، اور بچا لے انہیں جہنم کے عذاب سے O

۸۔ پروردگار! اور داخل فرما انہیں ہمیشہ کی جنتوں میں، جس کا وعدہ دیا تو نے انہیں، اور جو لیاقت مند ہوئے ان کے باپ دادا ؤں اور بیبیوں اور اولاد میں سے، بیشک تو ہی عزت والا حکمت والا ہے O

۹۔ اور بچا لے انہیں گناہوں سے، اور جو بچ نکلے گناہوں سے اس دن، تو بیشک تو نے رحم فرمایا اس پر، اور یہی بڑی کامیابی ہے O

۱۰۔ بیشک جنہوں نے کفر کیا، پکار دیے جائیں گے کہ ''یقیناً اللہ کی بیزاری کہیں زیادہ بڑی ہے تمہاری خود اپنی ذات سے بیزاری سے، کہ جب بلائے جاتے تم ایمان کی طرف، تو انکار کر دیتے'' O

۱۱۔ بول پڑے کہ ''پروردگار! تو نے مردہ رکھا ہمیں دوبارہ، اور زندہ کیا دوبارہ، اب اقرار کر لا ہم نے اپنے گناہوں کا، تو کیا یہاں سے نکلنے کی کوئی راہ ہے؟'' O

۱۲۔ یہ اس لیے کہ بلاشبہ جب دہائی دی جاتی صرف اللہ کی، تو تم نے انکار ظاہر کیا، اور اگر شریک بنایا جاتا اس کا، تو تم لوگ مان جاتے، تو حکم اللہ کا ہے سب سے بلند بڑا O

۱۳۔ وہی ہے جو دکھاتا ہے تم لوگوں کو اپنی نشانیاں، اور اتارتا ہے تمہارے لیے آسمان سے روزی، اور نہیں نصیحت پاتا مگر جو توبہ کرے O

۱۴۔ "تو دہائی دو اللہ کی مخلصانہ عقیدہ رکھتے، گو برا مانیں کافر لوگ" O

۱۵۔ بلند فرمانے والا درجوں کو، عرش والا، بھیجتا ہے روح الامین کو اپنے بندوں سے، تاکہ وہ ڈرا دے سب کے ملنے کے دن سے O

۱۶۔ جس دن وہ سب کھلم کھلا ہے نہ چھپ سکے اللہ پر ان میں سے کوئی "کس کی بادشاہی ہے آج؟ صرف اللہ واحد قہار کی O

۱۷۔ آج کے دن بدلہ دیا جائے گا ہر ایک ، جو کما چکا ہے ۔ نہیں زیادتی ہوگی آج۔ بیشک اللہ جلد حساب فرمانے والا ہے O

۱۸۔ اور ڈراؤ انہیں جلد آنے والی مصیبت کے دن سے ، جب کہ ان کے دل گلوں کے پاس ہوں گے غمناک ۔ نہیں رہا ظالموں کا کوئی دوست اور نہ سفارشی جس کا کہنا مانا جائے O

۱۹۔ اللہ جانتا ہے آنکھوں کی چوری کو، اور جو چھپائے رکھتے ہیں سینے O

۲۰۔ اور اللہ فیصلہ فرماتا ہے بالکل ٹھیک اور جن کی دہائی دیتے ہیں اس کے خلاف ، نہیں فیصلہ کر سکتے کچھ ، بیشک اللہ ہی سننے والا دیکھنے والا ہے O

۲۱۔ کیا انہوں نے سیر نہیں کی زمین میں ؟ کہ دیکھ لیں کہ کیسا انجام ہوا ان کا جوان سے پہلے تھے، وہ زیادہ تھے ان سے قوت میں، اور

زمین میں اپنی چھوڑی نشانیوں میں، تو پکڑا نہیں اللہ نے ان کے
گناہوں کے سبب، اور نہ رہا ان کا اللہ سے کوئی بچانے والا O

۲۲. یہ اس لیے کہ آتے رہے ان کے پاس ان کے رسول
نشانیوں کے ساتھ، تو انہوں نے انکار کر دیا، تو پکڑا انہیں اللہ نے،
بیشک وہ قوت والا سخت عذاب والا ہے O

۲۳. اور بیشک بھیجا ہم نے موسیٰ کو نشانیوں اور کھلی سند کے
ساتھ O

۲۴. فرعون و ہامان و قارون کی طرف، تو وہ سب بولے کہ ''یہ
جادوگر بڑے جھوٹے ہیں'' O

۲۵. پھر جب لائے ان کے پاس حق کو ہماری طرف سے، تو
بولے کہ ''قتل کر دو ان کے بیٹوں کو، جو ایمان لائے ان کے ساتھ،
اور زندہ رکھو ان کی عورتوں کو'' اور نہیں رہی چال بازی کافروں کی،
مگر بے کار O

۲۶۔ اور بولا فرعون کہ ''مجھے چھوڑ دو کہ قتل کر دوں موسیٰ کو اور وہ دہائی دیں اپنے رب کی، کہ میں ضرور ڈرتا ہوں کہ بدل دیں تمہارا دین، یا کہ کھلم کھلا کریں زمین میں فساد''O

۲۷۔ اور کہا موسیٰ نے کہ ''بیشک میں نے پناہ لی اپنے رب اور تم لوگوں کے رب کی، ہر ایسے مغرور سے جو نہ مانے حساب کے دن کو''O

۲۸۔ اور بولا ایک شخص مسلمان آل فرعون سے، جو چھپائے رکھتا ہے اپنے ایمان کو کہ 'کیا قتل کرو گے اس مرد کو؟ یوں کہ کہتے ہیں کہ میرا رب اللہ ہے، حالانکہ وہ بلاشبہ لائے تمہارے پاس روشن دلیلیں تمہارے رب کی طرف سے، اور اگر یہ جھوٹے ہوئے، تو ان پر ان کا جھوٹ پڑتا، اور اگر سچے ہیں، تو پہنچ جائے گا تمہیں کچھ اس کا جس کا وعدہ دیتے ہیں تمہیں بیشک اللہ نہیں راہ دیتا اس کو، جو حد سے بڑھنے والا جھوٹا ہے O

۲۹.	اے میری قوم! تمہاری بادشاہی ہے آج، غالب ہو زمین میں، تو کون مدد دے گا ہمیں اللہ کے عذاب سے، اگر آ گا ہمارے اوپر۔ بولا فرعون کہ میں وہی رائے دیتا ہوں جو میر رائے ہے، اور نہیں بتاتا تمہیں مگر بھلائی کی راہ O

۳۰.	اور کہا اس نے جو مسلمان تھا کہ "اے میری قوم میں تو ضرور ڈر رہا ہوں تم پر پہلے گروہوں کے دن کی طرح ہونے کو" O

۳۱.	جیسا ڈھنگ رہا نوح کی قوم اور عاد و ثمود، اور جو ان کے بعد ہوئے سب کا۔ اور اللہ نہیں چاہتا ظلم بندوں کے لیے O

۳۲.	اور اے میری قوم! بیشک میں ڈر رہا ہوں تم پر پکار مچنے کے دن کو O

۳۳.	جس دن کہ پھیر دیے جاؤ گے پیٹھ دکھا کر۔ نہیں ہے تمہارا اللہ سے کوئی بچانے والا، اور جسے بے راہ رکھے اللہ، تو نہیں ہے اس کا کوئی راہ دینے والا O

۳۴. اور بیشک لائے تمہارے پاس یوسف پہلے سے روشن نشانیاں، تو تم لوگ ہمیشہ رہے شک میں جس کو لائے تھے تمہارے پاس، یہاں تک کہ جب وہ نہ رہے، تو تم لوگوں نے کہا ''ہرگز نہ بھیجے گا اللہ ان کے بعد کوئی رسول''۔ اسی طرح بے راہ رکھتا ہے اللہ اسے، جو حد سے بڑھا شکی ہے O

۳۵. جو جھگڑا نکالیں اللہ کی آیتوں میں بغیر کسی سند کے، جو آئی ہو، ان کے پاس، یہ بہت بڑی بیزاری کا سبب ہے اللہ کے نزدیک، اور ان کے نزدیک جو ایمان لا چکے۔ اس طرح چھاپ لگا دیتا ہے اللہ ہر مغرور سرکش کے دلوں پر O

۳۶. اور بولا فرعون کہ ''اے ہامان! بنا لو میرے لیے بند گھر، تاکہ پہنچ جاؤں سب راستوں تک O

۳۷. آسمانوں کے راستے، پھر جھانکوں موسیٰ کے معبود کی طرف، اور میں تو ضرور خیال کرتا ہوں انہیں جھوٹا،۔ اور اسی طرح

سے بھلی کر دی گئی فرعون کی نظر میں اس کی بد کرداری، اور روک رکھا گیا راہ سے، اور نہیں چالبازی فرعون کی، مگر غارت کی ہوئی O

۳۸. اور بولا جو ایمان لا چکا تھا کہ اے میری قوم! تم لوگ میرے پیچھے پیچھے رہو، تو دوں گا تمہیں بھلائی کی راہ O

۳۹. اے میری قوم! یہ دنیاوی زندگی محض کچھ رہ سہہ لینا ہے۔ اور بیشک آخرت ہی ٹھہرنے کا گھر ہے O

۴۰. جس نے برائی کی، تو نہ بدلہ دیا جائے گا مگر اتنا ہی، اور جس نے صلاحیت کے کام کیے، مرد یا عورت، اور وہ مسلمان ہیں، تو وہ داخل ہوں گے جنت میں، روزی دیے جائیں گے اس میں بے حساب O

۴۱. ''اور اے میری قوم! مجھے کیا ہے کہ میں بلاتا ہوں تمہیں نجات کی طرف، اور تم لوگ بلا رہے ہو مجھے جہنم کی طرف O

۴۲۔ تم بلاتے ہو مجھے کہ انکار کر دوں اللہ کا، اور شریک بناؤں اس کا اسے جس کا مجھے کچھ علم نہیں، اور میں بلا رہا ہوں تم کو عزت والے غفار کی طرف O

۴۳۔ بس یہی ہے کہ جس کی طرف تم لوگ بلاتے ہو مجھے، نہیں ہے اس کی کوئی بلاہٹ دنیا میں اور نہ آخرت میں، اور بیشک ہمیں لوٹنا ہے اللہ کی طرف، اور بیشک زیادتی کرنے والے ہی جہنمی ہیں O

۴۴۔ تو جب جلد ہی یاد کرو گے جو کہہ رہا ہوں میں تمہیں، اور سپرد کرتا ہوں اپنے معاملے کو اللہ کے، بیشک اللہ نگراں ہے بندوں کا O

۴۵۔ تو بچا لیا تو اس کو اللہ نے خرابوں سے اس کے، جو چالبازیاں کیں لوگوں نے، اور گھیر لیا فرعونیوں کو عذاب کی تباہی نے O

۴۶۔ آگ پر پیش کیے جاتے ہیں وہ لوگ صبح و شام۔ اور جس دن قیامت قائم ہوگی کہ ''جھونک دو فرعونیوں کو سخت عذاب میں'' O

۴۷۔ اور جب حجت بازی کریں گے جہنم میں، تو کہیں گے ان کے کمزور لوگ انہیں، جو بڑے بنتے تھے کہ "بیشک ہم تو تھے تمہارے پیچھے چلنے والے، تو کیا تم لوگ ہٹا لو گے ہم سے کچھ حصہ آگ سے؟" O

۴۸۔ جواب دیا جو بڑے بنتے تھے کہ "واقعہ تو یہ ہے ہم سبھی اسی میں ہیں"۔ بیشک اللہ نے فیصلہ فرما دیا بندوں کے درمیان O

۴۹۔ اور بول پڑے جو آگ میں ہیں جہنم کے داروغوں کو کہ "دعا کرو اپنے رب سے کہ ہلکا کر دے ہم سے ایک دن عذاب" O

۵۰۔ انہوں نے پوچھا کہ "کیا نہیں آتے تھے تمہارے پاس تمہارے رسول روشن نشانیوں کے ساتھ"۔ سب بولے، "کیوں نہیں" تو جواب دیا کہ "پھر تمہیں دہائی مچاؤ" اور نہیں ہے کافروں کی دعا مگر بے کار O

۵۱.	بیشک ہم ضرور مدد فرمائیں گے اپنے رسولوں کی اور ان کی جو
ایمان لائے، دنیاوی زندگی میں، اور جس دن کھڑے ہوں گے گواہ
لوگ O

۵۲.	جس دن نہ کام آئے گی ظالموں کے ان کی تاویل، اور انہیں
کے لیے پھٹکار ہے اور انہیں کے لیے درا آخرت کی خرابی ہے O

۵۳.	اور بیشک دی ہم نے موسیٰ کو ہدایت، اور وارث بنایا ہم
نے بنی اسرائیل کو کتاب کا O

۵۴.	ہدایت و نصیحت عقل والوں کے لیے O

۵۵.	تو صبر کرتے رہو، بلا شبہ اللہ کا وعدہ حق ہے، اور بخشواتے
رہو اپنے وابستوں کو، اور پاکی بولتے رہو اپنے رب کی حمد کے ساتھ
شام و صبح O

۵۶.	بیشک جو جھگڑا نکالیں اللہ کی آیتوں میں، بغیر کسی سند کے جو
آئی ہو ان کے پاس، نہیں ہے ان کے سینوں میں مگر بڑائی کی ہوس،

جس تک وہ پہنچنے والے نہیں، تو پناہ لو اللہ کی۔ بیشک وہی سننے والا
دیکھنے والا ہے O

۵۷. یقیناً پیدا کرنا آسمانوں اور زمین کا زیادہ بڑی بات ہے انسان
کے پیدا کرنے سے، لیکن ان کے بہتیرے نادان محض ہیں O

۵۸. اور نہیں برابر ہے اندھا اور آنکھ والا، اور جو ایمان لائے اور
نیکیاں کیں، اور گناہ گار۔ کم ہی سوچتے ہو O

۵۹. بیشک قیامت ضرور آنے والی ہے، اس میں ذرا بھی شک
نہیں، لیکن بہتیرے لوگ نہیں مانتے O

۶۰. اور فرمایا تم لوگوں کے رب نے کہ ''دعا کرو مجھ سے، میں
قبول فرما لوں گا تمہارے لیے'' بیشک جو کھینچیں بڑائی میں میری
عبادت سے، تو جلد ہی جائیں گے جہنم ذلیل ہو کر O

۶۱. اللہ ہے جس نے بنایا تمہارے لیے رات کو کہ آرام کرو اس میں، اور دن کو سب کچھ دکھا دینے والا۔ بیشک اللہ فضل والا ہے لوگوں پر، لیکن اکثر لوگ ناشکرے ہیں O

۶۲. یہ ہے اللہ، تمہارا رب، پیدا فرمانے والا ہر چاہیے کا نہیں ہے کوئی پوجنے کے قابل اس کے سوا، تو کہاں اندھائے جاتے ہو O

۶۳. اسی طرح اوندھائے گئے وہ، جو اللہ کی آیتوں کا انکار کرتے تھے O

۶۴. اللہ ہے جس نے بنایا تمہارے لیے زمین کو ٹھہرنے کو اور آسمان کو قبہ، اور صورت بنائی تمہاری تو حسین بنایا تمہاری صورتوں کو، اور روزی دی تمہیں پاکیزہ، یہ سب اللہ تمہارا رب، تو برکت والا ہے اللہ، سارے جہان کا پالنہار O

٦٥. وہی زندہ ہے، نہیں ہے کوئی پوجنے کے قابل اس کے سوا، تو دہائی دو اس کی مخلصانہ عقیدہ سے، ساری حمد اللہ کی، رب سارے جہان کاO

٦٦. کہہ دو کہ "بیشک میں روکا گیا ہوں، کہ پوجوں جن کی دہائی دیتے ہو تم اللہ کے خلاف، جب آ گئیں میرے پاس روشن نشانیاں میرے رب کی طرف سے، اور مجھے حکم دیا گیا کہ سر جھکا دوں رب العالمین کے لیے"O

٦٧. وہی ہے جس نے پیدا فرمایا تمہیں مٹی سے، پھر ایک قطرے سے، پھر لوتھڑے سے، پھر نکالا کرتا ہے تمہیں بچہ، پھر تا کہ پہنچو اپنے زور کو، پھر تا کہ ہو جاؤ بڈھے اور کوئی ہے جو وفات دیا جاتا ہے پہلے ہی، اور تا کہ پہنچ جاؤ اپنی مدت معین کو، اور تا کہ تم عقل سے کام لوO

۶۸.	وہی ہے جو زندہ فرمائے اور مارے، چنانچہ جب چاہا کسی امر
کو، تو بس فرما دیتا ہے اسے کہ "ہو جا" تو وہ ہو جاتا ہے O

۶۹.	کیا نہیں دیکھا تو نے انہیں جو جھگڑے نکالتے ہیں اللہ کی
آیتوں میں، کہ کہاں پھیر دیئے گئے O

۷۰.	جنہوں نے جھٹلایا کتاب کو، اور جس چیز کے ساتھ بھیجا ہم
نے اپنے رسولوں کو تو جلد ہی معلوم کر لیں گے O

۷۱.	جب کہ طوق ان کی گردنوں میں ہوں گے اور زنجیریں، گھسیٹے
جائیں گے O

۷۲.	کھولتے پانی میں پھر جہنم میں جھونک دیے جائیں گے O

۷۳.	پھر فرمان ہو گا انہیں کہ "کہاں ہیں جن کو شریک بناتے
تھے؟ O

۷۴. اللہ کے خلاف''۔ جواب دینا پڑا انہیں کہ ''وہ تو کھو گئے ہم سے'' بلکہ ہم دہائی دیتے ہی نہ تھے پہلے کسی کی۔ اسی طرح بے راہ رکھتا ہے اللہ کافروں کو O

۷۵. یہ بدلہ ہے اس کا جو تم خوش ہوتے تھے زمین میں ناحق سے، اور جو اترایا کرتے تھے O

۷۶. داخل ہو جہنم کے دروازوں میں ہمیشہ کے لیے اس میں، تو کتنا بڑا ٹھکانہ ہے مغروروں کا O

۷۷. تو تم صبر کرتے رہو، بیشک اللہ کا وعدہ حق ہے، تو خواہ ہم دکھا دیں تمہیں بھی کچھ جس کا وعدہ فرماتے ہیں انہیں، یا وفات دیں تمہیں، وہ تو ہماری طرف لوٹائے جائیں گے O

۷۸. اور بیشک بھیجا ہم نے بہت سے رسول تم سے پہلے، ان میں سے وہ ہیں کہ جن کے واقعات نازل فرما دیئے ہم نے تم پر، اور کچھ ہیں کہ ''قرآن میں جن کا ذکر نہیں بھیجا تم پر''۔ اور کسی رسول کا کام

نہیں، کہ کوئی نشانی لائے مگر اللہ کے حکم سے۔ تو جہاں آ گیا اللہ کا عذاب، فیصلہ کر دیا گیا بالکل حق، اور خسارہ اٹھایا وہاں باطل والوں نے O

۷۹. اللہ نے، جس نے پیدا فرمایا تمہارے لیے چوپائے کہ کچھ سواری کرو ان کی اور کچھ کھاتے رہو O

۸۰. اور تمہارے لیے ان میں بہتیرے فائدے ہیں، اور تاکہ پہنچو ان پر لاد کر اپنے دل کے مقصد کو، اور ان پر اور کشتیوں پر سوار کیے جاؤ O

۸۱. اور دکھاتا رہتا ہے تم کو اپنی نشانیاں، تو اللہ کی کن کن نشانیوں کا انکار کرتے رہو گے O

۸۲. تو کیا نہیں سفر کیا زمین میں؟ کہ دیکھ لیتے کہ کیسا انجام ہوا تھا ان کا، جو ان سے پہلے تھے، تھے وہ کہیں زیادہ ان سے اور کہیں بڑھ کر

قوت اور زمین میں چھوڑی نشانیوں میں ان سے ، تو نہیں کام آئی ان کے جو وہ کماتے تھے O

۸۳. چنانچہ جب لے آئے ان کے پاس ان کے رسول روشن نشانیاں ، تو وہ خوش رہے جو کچھ ان کے پاس تھا علم ، اور آ پڑا انہیں پر جس کا مذاق اڑاتے تھے O

۸۴. پھر جب دیکھا لیا ہمارا عذاب ، بول پڑے کہ "ہم نے مان لیا ایک اللہ کو ، اور انکار کر دیا جسے ہم شریک بناتے تھے O

۸۵. تو نہ کام آ سکا ان کے ان کا اب مان جانا ، جب کہ دیکھ چکے ہمارا عذاب ، اللہ کا دستور جو ہوتا رہا اس کے بندوں میں ، اور خسارہ اٹھائے وہاں کافر لوگ O

۴۱۔ سورۃ فصلت / حٰمٓ السجدہ

نام سے اللہ کہ بڑا مہربان بخشنے والا۔ O

۱. حٰمٓ O

۲. یہ اتارا ہے مہربان بخشنے والے کی طرف سے O

۳. ایسی کتاب کہ مفصل فرمائی گئیں جن کی آیتیں، قرآن، عرب زبان میں، ان کے لیے جو دانا ہیں O

۴. خوش خبری دینے والا اور ڈر سنانے والا، تو منہ پھیر لیا ان کے بہتیروں نے، تو وہ سنتے ہی نہیں O

۵. اور بولے کہ ''ہمارے دل غلافوں میں چھپے ہیں اس سے، جس کی طرف تم بلا رہے ہو ہمیں، اور ہمارے کانوں میں ڈاٹ ہے، اور ہمارے درمیان اور تمہارے درمیان پردہ پڑا ہے، تو تم اپنی کرو، ہم بلا شبہ اپنی کرنے والے ہیں'' O

٦. جواب دو کہ ''میں بس چہرے مہرے والا ہوں جیسے تم'' وحی کی جاتی ہے میری طرف کہ تمہارا معبود صرف 'معبود واحد' ہے، تو سیدھی راہ چلو اس کی طرف، اور مغفرت مانگو اس سے، اور ہلاکی ہے شریک بنانے والوں کی O

۷. جو نہ زکوٰۃ دیں، اور وہ آخرت کے منکر ہیں O

۸. بیشک جو ایمان لائے اور کرنے کے کام کیے، انہیں کے لیے ہے ثواب بے حد O

۹.	پوچھو کہ "کیا تم نہیں مانتے اسے، جس نے پیدا فرمایا زمین کو
دو ہی دن میں؟ اور بناتے ہو اس کے برابر والے"۔ یہ ہے رب
العالمین O

۱۰.	اور گاڑ دئیے اس میں پہاڑوں کے لنگر اس کے اوپر سے، اور
برکت دی اس میں، اور مقدر فرمادیں اس میں غذائیں چار ہی دن میں
صحیح صحیح، پوچھنے والوں کے لیے O

۱۱.	پھر توجہ فرمائی آسمان کی طرف جب کہ وہ دھواں ہے تو فرمایا
اسے اور زمین کو کہ "دونوں حاضر ہو خوشی سے، یا دباؤ سے"۔ دونوں
بولے کہ "ہم حاضر ہو گئے خوشی سے" O

۱۲.	تو پورا فرمایا انہیں سات آسمان دو ہی دن میں، اور حکم بھیجا
ہر آسمان میں اس کے کام کا، اور سنوارا ہم نے قریب والے
آسمان کو چراغوں سے، اور نگہبانی کو، یہ ہے مقدر فرمانا عزت والے
علم والے کا O

۱۳.   پھر بھی اگر منہ پھیرے رہے، تو کہہ دو کہ "ڈرا چکا میں تمہیں کڑک سے" جیسے عاد ثمود کی کڑک O

۱۴.   جب کہ آتے رہتے تھے ان کے پاس رسول ان کے آگے اور پیچھے سے کہ "مت پوجو اللہ کے سوا"، سب بولے تھے کہ "اگر چاہتا ہمارا رب تو ضرور اتارتا فرشتوں کو، ہم لوگ تو یقیناً جس چیز کے ساتھ تم بھیجے گئے ہو منکر ہیں" O

۱۵.   تو عاد تو بڑے بنتے رہے، زمین میں ناحق، اور کہتے کہ "کون بڑھ کر ہے ہم سے قوت میں"۔ کیا نہیں سوچا کہ بلاشبہ جس اللہ نے پیدا فرمایا تھا انہیں، وہ زیادہ قوت والا ہے ان سے، اور وہ ہماری آیتوں کا انکار کرتے تھے O

۱۶.   تو چھوڑ دیا ہم نے ان پر آندھی سخت ٹھنڈی، منحوس دنوں میں، کہ چکھا دیں انہیں رسوائی کا عذاب دنیاوی زندگی میں، اور یقیناً

آخرت کا عذاب زیادہ رسوا کرنے والا ہے، اور وہ مدد نہ کیے جائیں گے O

۱۷. اور ثمود، تو راہ بتائی ہم نے انہیں، تو پسند کیا انھوں نے اندھے رہنے کو راہ دیکھنے سے، تو پکڑ لیا انہیں ذلت کے عذاب کی کڑک نے، جو وہ کما چکے تھے O

۱۸. اور بچا لیا ہم نے انہیں جو ایمان لائے اور ڈرا کرتے تھے O

۱۹. اور جس دن ہانکے جائیں گے اللہ کے سارے دشمن آگ کی طرف، تو وہ روک روک کر جمع کیے جائیں گے O

۲۰. یہاں تک کہ جب آ گئے وہاں، تو گواہی دینے لگے ان پر ان کے کان، اور ان کی آنکھیں اور ان کی کھالیں، جو کچھ وہ کرتے تھے O

۲۱. اور لگے کہنے اپنی کھالوں کو کہ "کیوں گواہی دی تم نے ہم پر" کھالیں بولیں کہ "گویائی بخشی ہم کو اللہ نے" جس نے گویائی دی ہے

ہر ایک کو، اور اس نے پیدا فرمایا تمہیں پہلی بار، اور اسی کی طرف لوٹائے جاؤ گے O

۲۲. اور تم چھپا نہیں سکتے تھے کہ گواہی دیں تم پر تمہارے کان، اور نہ تمہاری آنکھیں، اور نہ تمہاری کھالیں لیکن گمان رکھتے تھے کہ ''اللہ جانتا ہی نہیں بہت سی چیزوں کو جو کر رہے ہو'' O

۲۳. اور یہ ہے تمہارا گمان، جو رکھتے تھے اپنے رب سے، تباہ کر دیا اس نے تمہیں، تو ہو گئے تم خسارہ والوں سے O

۲۴. اب اگر صبر بھی کریں، تو جہنم ٹھکانہ ہے ان کا، اور اگر خوشامد کریں، تو نہیں ہیں وہ شامل قبول کیے ہوؤں سے O

۲۵. اور متعین فرمایا ہم نے ان کے کچھ ساتھیوں کو، تو خوبصورت بنایا ان کی نظر میں جو سامنے کی دنیا ہے، اور جو بعد کی آخرت ہے، اور درست ہو گئی ان پر بات، انہیں امتوں میں ہو کر جو گزر چکیں ان سے پہلے، جنات و انسان سے۔ بیشک وہ خسارہ والے تھے O

۲۶. اور بولے جنہوں نے کفر کیا ہے کہ ''مت سنا کرو اس قرآن
کو، اور بے ہودہ شور مچایا کرو اس میں کہ جیت جاؤ'' O
۲۷. تو ضرور چکھائیں گے ہم انہیں جنہوں نے انکار کیا ہے سخت
عذاب، اور یقیناً بدلہ دیں گے انہیں ان کے برے سے برے کام کا
جو کرتے تھے O
۲۸. یہ ہے اللہ کے دشمنوں کی سزا آگ، ان کا اس میں ہمیشہ کا گھر
ہے، سزا ہے جو وہ ہماری آیتوں کا انکار کرتے تھے O
۲۹. اور دعا کرنے لگے جنہوں نے کفر کیا ہے کہ ''پروردگار! دکھا
دے ہمیں انہیں، جنہوں نے گمراہ کیا تھا ہمیں جنات و انسان سے، کہ
کچل ڈالیں ہم ان کو اپنے پاؤں کے نیچے، تاکہ وہ ہو جائیں سب سے
نیچوں سے'' O

۳۰. بیشک جنہوں نے کہا کہ ''ہمارا رب اللہ ہے''، پھر جم گئے، اترتے ہیں ان پر فرشتے، کہ مت ڈرو اور رنجیدہ نہ ہو، اور خوش ہو جاؤ اس جنت سے، جس کا تم سے وعدہ کیا جاتا تھاO

۳۱. ہم تمہارے دوست ہیں دنیاوی زندگی میں اور آخرت میں، اور تمہارے لیے اس میں جس کو چاہے تم لوگوں کا جی، اور تمہارے لیے اس میں جو کچھ مانگوO

۳۲. مہمانی ہے غفور رحیم کی طرف سےO

۳۳. اور کون زیادہ بہتر ہے بات میں اس سے؟ جس نے بلایا اللہ کی طرف اور کام کیا لیاقت والا، اور کہہ دیا کہ ''بلاشبہ میں مسلمانوں سے ہوں''O

۳۴. اور نہیں برابر ہو سکتی نیکی و بدی۔ 'ہٹایا کرو ہٹانے کی چیز کو نہایت بھلائی سے'' تو اس وقت وہ، کہ تمہارے درمیان اور اس کے درمیان دشمنی ہے، گویا کہ دوست ہے رشتہ دارO

۳۵۔ اور نہیں دیا جاتا یہ، مگر جنہوں نے صبر سے کام لیا، اور نہیں پاتے یہ، مگر بڑے نصیب والے O

۳۶۔ اور اگر کونچے تمہیں شیطان کو طرف سے کوئی کونچا، تو پناہ مانگ لے اللہ کی، بیشک وہی سننے والا علم والا ہے O

۳۷۔ اور اس کی نشانیوں سے ہے رات اور دن، اور سورج اور چاند، مت سجدہ کرو سورج کا اور نہ چاند کا، اور سجدہ کرو اللہ کا، جس نے پیدا فرمایا انہیں، اگر تم اسی کی عبادت کرتے ہو O

۳۸۔ پھر بھی اگر ڈینگ کی لیں، تو جو تمہارے رب کے پاس ہیں، تسبیح بولتے اس کی رات اور دن، اور وہ نہیں تھکتے O

۳۹۔ اور اس کی نشانیوں سے ہے، کہ بلاشبہ تم دیکھ رہے ہو زمین کو دبی پڑی، پھر جب اتارا ہم نے اس پر پانی، تو پھر پھرائی اور بڑھی، بیشک جس نے اس کو زندہ کیا یقیناً مردوں کو جلانے والا ہے، بیشک وہ ہر چاہے پر قدرت رکھنے والا ہے O

۴۰.	بیشک جو ٹیڑھی چال چلیں ہماری آیتوں میں، وہ نہیں پوشیدہ ہیں ہم پر، تو کیا جو ڈال دیا جائے آگ میں وہ بہتر ہے یا جو آئے بحالت امن، قیامت کے دن؟ کر ڈالو جو جی چاہے، بیشک وہ جو کچھ کرو دیکھ رہا ہے انہیں بھی O

۴۱.	جنہوں نے انکار کر دیا نصیحت کا جب کہ آئی ان کے پاس، اور بلاشبہ یہ یقیناً عزت والی کتاب ہے O

۴۲.	نہیں آسکتا باطل اس کے آگے اور نہ پیچھے سے، اتاری ہوئی حکمت والے حمد والے کی طرف سے O

۴۳.	نہ کہا جائے گا تمہیں، مگر جو کہا گیا رسولوں کو پہلے تم سے، بیشک تمہارا رب یقیناً مغفرت والا، اور دردناک عذاب والا ہے O

۴۴.	اور اگر بناتے ہم اسے قرآن عجمی زبان کا، تو ضرور کہتے کہ "کیوں نہ صاف صاف بولی گئیں اس کی آیتیں" ۔۔ "کیا عجمی پیغام اور عربی پیغمبر؟" کہہ دو کہ "وہ ان کے لے جو مان گئے، ہدایت و

شفاء ہے''۔ اور جو نہ مانیں، ان کے کانوں میں ڈاٹ لگی ہے، اور وہ ان پر اندھیرا ایا ہوا ہے۔ جیسے وہ لوگ پکارے جاتے ہیں دور جگہ سے O

۴۵. اور بیشک دی ہم نے موسیٰ کو کتاب، تو جھگڑا نکالا گیا اس میں، اور اگر نہ ہوتی ایک بات جو پہلے ہو چکی تمہارے رب کی طرف سے، تو ضرور فیصلہ کر دیا جاتا ان کے درمیان، بیشک وہ ضرور شک میں ہیں اس کی طرف سے، تردد میں پڑے O

۴۶. جس نے لیاقت مندی کی، تو اپنے بھلے کو، اور جس نے برائی کی تو اسی پر ہے اور نہیں ہے تمہارے رب ظلم کرنے والا، بندوں کے لیے O

۴۷. اسی کی طرف حوالہ کیا جاتا ہے علم قیامت کا، اور نہیں نکلتا کوئی پھل اپنے خول سے، اور نہیں حاملہ ہوتی کوئی مادہ، اور نہ جنے، مگر اس کے علم میں۔ اور جس دن اعلان فرمائے گا انہیں کہ ''کہاں ہیں

میرے شریک لوگ؟ تو بول پڑے کہ "ہم بتا چکے تجھ کو، کہ نہیں ہے ہم میں کوئی گواہ" O

۴۸. اور کھو گیا ان سے جن کی دہائی دیتے تھے پہلے، اور سمجھ لیا کہ نہیں ہے ان کے لئے کوئی بھاگنے کی جگہ O

۴۹. نہیں تھکتا انسان بھلائی مانگنے سے، اور اگر پہنچی اسے برائی، تو ناامید ہے بے آس O

۵۰. اور اگر چکھا دیا ہم نے اسے رحمت اپنی طرف سے، بعد مصیبت کے جو اسے پہنچی، تو ضرور بولے گا کہ "یہ میرا حق ہے اور میں نہیں سمجھتا کہ قیامت قائم ہونے والی ہے۔ اور اگر میں واپس کیا گیا اپنے رب کی طرف، تو میرے لئے اس کے پاس یقیناً بھلائی ہے،" تو ضرور ہم بتا دیں گے انہیں، جنہوں نے کفر کیا، جو کچھ انہوں نے کیا۔ اور ضرور چکھائیں گے انہیں گاڑھا عذاب O

۵۱. اور جب نعمت فرمائی ہم نے انسان پر، تو منہ پھیر لیا، اور ہٹ گیا اپنی طرف۔ اور جب پہنچی اسے برائی تو لمبی چوڑی دعا والا ہے۔ O

۵۲. پوچھو کہ ''ذرا بتاؤ کہ اگر یہ کتاب اللہ کی طرف سے ہے، پھر تم نے انکار کر دیا ہے ان کا، تو کون زیادہ بے راہ ہے اس سے، جو دور دراز ضد میں ہے'' O

۵۳. اب ہم دکھا ہی دیں گے انہیں اپنی نشانیاں، ہر طرف اور خود انہیں میں، یہاں تک کہ ظاہر ہو جائے انہیں، کہ بلاشبہ یہ حق ہے۔ کیا نہیں کافی ہے کہ ''تمہارا رب، بلاشبہ ہر ایک کا گواہ ہے'' O

۵۴. یاد رکھو کہ وہ لوگ شک میں ہیں اپنے رب کے ملنے کی طرف سے، یاد رکھو کہ وہ ہر چیز کو گھیرے ہے O

۴۲۔ سورۃ الشوریٰ

نام سے اللہ کے بڑا مہربان بخشنے والا O

۱.   حم O

۲.   عسق O

۳.   اسی طرح وحی بھیجتا ہے تمہاری طرف اور ان کی طرف، جو تم سے پہلے ہوئے، اللہ عزت والا حکمت والا O

۴.   اسی کا ہے جو کچھ آسمانوں اور جو کچھ زمین میں ہے۔ اور وہی نہایت بلند عظمت والا ہے O

۵. کہ پھٹ پڑیں سارے آسمان اپنی بلندی سے، اور فرشتے پاکی بولتے اپنے رب کی حمد کے ساتھ، اور مغفرت مانگتے ہیں ان کے لئے جو زمین میں ہیں۔ یاد رکھو کہ بلاشبہ اللہ ہی غفور رحیم ہے O

٦. اور جنھوں نے بنا لیا ہے اس کے خلاف اپنے والی، اللہ نگراں ہے ان پر۔ اور تم نہیں ہو ان کے ذمہ دار O

۷. اور اسی طرح وحی بھیجی ہم نے تمہاری طرف قرآن کی عربی زبان میں، کہ ڈر سنا وہ آبادیوں کی اصل مکہ کو، اور اس کے چوطرف والوں کو، اور ڈرا دو اکٹھا ہونے کے دن سے، جس میں کوئی شک نہیں ہے۔ کہ ایک جماعت جنت میں اور ایک جمعیت جہنم میں O

۸. اور اگر چاہتا اللہ، تو یقیناً کر دیتا انہیں ایک ہی قوم، لیکن وہ داخل فرماتا ہے جسے چاہے اپنی رحمت میں۔ اور اندھیروں کا نہ کوئی یار ہے اور نہ مددگار ہے O

۹. ''کیا بنا لیا انھوں نے اللہ کے خلاف دوسرے والی؟'' تو اللہ ہی والی ہے، اور وہ زندہ کرے گا مردوں کو۔ اور وہ ہر چاہے پر قدرت والا ہے O

۱۰. اور جس بات میں تم لوگوں نے اختلاف کیا ہے، تو اس کا فیصلہ اللہ کے سپرد ہے۔ ''یہ ہے اللہ میرا رب، اسی پر میں نے بھروسہ کیا، اور اسی کی طرف رجوع کرتا ہوں O

۱۱. بنانے والا آسمانوں اور زمین کا۔ پیدا کیا تمہارے لئے تمہیں سے جوڑے، اور چوپایوں سے جوڑے۔ پھیلاتا رہتا ہے تمہیں اسی انداز میں۔ نہیں ہے اس جیسے کی طرح کوئی۔ اور وہی سننے والا دیکھنے والا ہے O

۱۲. اسی کی ہیں کنجیاں آسمانوں کی اور زمین کی۔ کشادہ فرما دے روزی جس کی چاہے، اور تنگ بھی کرے۔ بیشک وہ ہر ایک کا جاننے والا ہے O

۱۳۔ راہ بنائی تم لوگوں کے لیئے دین کی جس کا حکم دیا تھا نوح کو، اور جو وحی بھیجی ہم نے تمہاری طرف، اور جس کا حکم دیا ہم نے ابراہیم و موسیٰ و عیسیٰ کو کہ ''تم لوگ درست رکھو دین کو، اور نہ پھوٹ ڈالو اس میں۔'' گراں گزرا مشرکوں پر جس کی طرف بلاتے ہو تم انہیں۔ اللہ چن لے اپنی طرف جسے چاہے، اور راہ دے اپنی طرف اسے، جو رجوع کرے O

۱۴۔ اور نہیں پھوٹ ڈالی انہوں نے، مگر بعد اس کے کہ آچکا تھا ان کے پاس علم، آپس کی ضد سے۔ اور اگر نہ ہوتی ایک بات، جو پہلے ہو چکی تمہارے رب کی طرف سے ایک میعاد مقرر تک، تو ضرور فیصلہ کر دیا جاتا ان کے درمیان۔ اور بیشک جو وارث بنائے گئے کتاب کے ان کے بعد، یقیناً شک میں ہیں تردد کرنے والے O

۱۵۔ تو اسی لیئے پھر بلاؤ، اور جمے رہو جس طرح حکم دیا گیا تمہیں، اور مت چلو ان کی خواہشوں پر، اور کہہ دو کہ ''میں نے مان لیا جو کچھ اتارا اللہ نے کتاب۔ اور مجھے حکم دیا گیا ہے کہ انصاف کرتا رہوں تم لوگوں

کے درمیان ۔ اللہ ہمارا رب ہے اور تمہارا پالنے والا ہے ۔ ہمارے لئے ہمارے عمل ہیں، اور تمہارے لئے تمہارے کرتوت ۔ کوئی بحث نہیں چھوٹی ہمارے اور تمہارے درمیان ۔ اللہ اکٹھا کرے گا ہم سب کو، اور اسی کی طرف پھرنا ہے O

۱۶. اور جو دلیل بازی کریں اللہ کے بارے میں بعد اس کے کہ ''مان لیا گیا ہے اسے،'' ان کی کٹ حجتی بے بنیاد ہے ان کے رب کے نزدیک، اور ان پر غضب ہے، اور انہیں کے لئے سخت عذاب ہے O

۱۷. اللہ ہے جس نے اتارا کتاب کو بالکل درست، اور انصاف کے ترازو کو۔ اور کیا خبر تجھے کہ قیامت نزدیک ہی ہو O

۱۸. جلدی مچاتے ہیں اس کی وہی، جو اس کو نہیں مانتے، اور جو مان چکے ہیں کانپ رہے ہیں اس سے۔ اور جانتے ہیں کہ ''بلاشبہ وہ

حق ہے۔ ''یاد رکھو کہ جو شک کریں قیامت کے بارے میں، یقیناً دور دراز کی بے راہی میں ہیں O

۱۹. اللہ لطف فرمانے والا ہے اپنے بندوں پر، روزی دے جسے چاہے، اور وہی قوت والا عزت والا ہے O

۲۰. جو چاہتا رہے آخرت کی کھیتی کو، تو ہم ترقی دیں اسے اس کی کھیتی میں، اور جو دنیا کی کھیتی چاہتا رہے، دے دیں گے ہم اسے اس سے، اور نہیں ہے اس کا آخرت میں کوئی حصہ O

۲۱. کیا ان کے کچھ شریک ہیں کہ راہ بنا دی ان کے لئے دی کی، جس کی نہیں اجازت دی اللہ نے۔ اور اگر نہ ہو چکی ہوتی فیصلے کے متعلق بات، تو ضرور فیصلہ کر دیا جاتا ان کا۔ اور بیشک اندھیر والوں کے لئے دکھ والا عذاب ہے O

۲۲. دیکھو گے ان ظالموں کو سہمے ہوئے، جو کمائی کر رکھی ہے، اور وہ ہونے والا ہے انہیں۔ اور جو ایمان لائے اور نیکیاں کیں، وہ

جنت کی پھلواریوں میں ہیں۔ ان کے لئے ہے جو چاہیں اپنے رب کے یہاں۔ یہی بڑا فضل ہے O

۲۳۔ یہ ہے جس کی خوشخبری دیتا ہے اللہ اپنے بندوں کو، جو ایمان لائے اور نیکیاں کیں۔ کہہ دو کہ ''میں نہیں مانگتا تم سے اس پر کوئی اجر، مگر دوستی قرابت داروں کی۔'' اور جو کما لے خوبی کو، بڑھا دیں گے ہم اس کے لئے اس میں خوبی کو۔ بیشک اللہ مغفرت فرمانے والا قدر فرمانے والا ہے O

۲۴۔ کیا یہ لوگ کہتے ہیں کہ ''بہتان باندھا ہے اللہ پر جھوٹ،'' تو اگر اللہ چاہے، تو حفاظت کی مہر لگا دے تمہارے دل پر۔ اور مٹا دیتا ہے اللہ باطل کو، اور درست رکھتا ہے حق کو اپنی باتوں سے۔ بیشک وہ جاننے والا ہے سینوں کی بات O

۲۵۔ وہی ہے جو قبول فرماتا ہے توبہ کو اپنے بندوں سے، اور درگزر فرمائے گناہوں سے، اور جانے جو تم لوگ کرو O

۲۶۔ اور دعا قبول فرمائے ان کی جو ایمان لا چکے اور نیکیاں کیں، اور ترقی دے انہیں اپنے فضل سے۔ اور کافروں کے لئے سخت عذاب ہے O

۲۷۔ اور اگر کشادہ فرما دیتا اللہ رزق کو اپنے سارے بندوں کے لئے، تو ضرور سرکش ہو جاتے زمین میں، لیکن اتارتا رہتا ہے اللہ جس... چاہے۔ بیشک وہ اپنے بندوں سے باخبر اور نگراں ہے O

۲۸۔ اور وہی ہے جو اتارے بارش کو، اس کے بعد کہ نا امید ہو گئے لوگ، اور پھیلا دے اپنی رحمت کو۔ اور وہی سب کا والی حمد والا ہے O

۲۹۔ اور اس کی نشانیوں سے ہے پیدائش آسمانوں کی اور زمین کی، اور جو کچھ پھیلا رکھا ہے ان میں چلنے والے۔ اور وہ ان کے اکٹھا کرنے پر جب چاہے قدرت رکھنے والا ہے O

۳۰.　اور جو پہنچی تمہیں کوئی مصیبت، تو اس کی سبب سے ہے جو کمائی کی تمہارے ہاتھوں نے، اور معاف فرماتا ہے بہت کچھ O

۳۱.　اور نہیں ہو تو بے قابو کر دینے والے زمین میں۔ اور نہیں ہے تمہارا اللہ کے خلاف کوئی یار اور نہ مددگار O

۳۲.　اور اس کی نشانیوں سے ہیں چلنے والی دریا میں، جیسے پہاڑ O

۳۳.　اگر چاہے تو روک دے ہوا کو، تو رکی رہ جائیں دریا کی سطح پر۔ بیشک اس میں ضرور نشانیاں ہیں ہر بڑے صبر والے، بڑے شکر گزار کے لئے O

۳۴.　یا ہلاک کر دے انہیں جو لوگوں نے کما رکھا ہے، اور معاف فرما دے بہت کچھ O

۳۵.　اور بتا دے انہیں جو کٹ حجتی کریں ہماری آیتوں میں کہ ''نہیں ہے ان کے لئے کوئی بھاگنے کی جگہ O

۳۶. تو جو کچھ دیا گیا ہے تم لوگوں کو، تو وہ پونجی ہے دنیاوی زندگی کی۔ اور جو کچھ اللہ کے یہاں ہے، بہت بہتر ہے، اور باقی رہنے والی ہے ان کے لئے جو مان گئے، اور اپنے رب پر بھروسہ رکھیں O

۳۷. اور جو بچا کریں کبیرہ گناہوں سے اور بے شرمیوں سے، اور جب غصہ آیا لوگوں پر تو بخش دیں O

۳۸. اور جنہوں نے قبول کر لیا اپنے رب کو اور پابندی کی نماز کی، اور ان کا کام مشورہ کر لینا ہے آپس میں۔ اور اس سے جو روزی دی ہم نے خیرات کرتے رہیں O

۳۹. اور وہ جنہیں پہنچی بغاوت، تو وہ بدلہ لیں O

۴۰. اور برائی کا بدلہ اسی کے برابر کی برائی ہے۔ تو جس نے معاف کر دیا اور صلح کر لی، تو اس کا اجر اللہ پر ہے۔ بیشک وہ نہیں پسند فرماتا ظالموں کو O

۴۱.	اس کے لئے جس نے بدلہ لیا اپنے مظلوم ہونے کے بعد، تو وہ ہیں جن پر پکڑ کی کوئی راہ نہیں O

۴۲.	اس کی راہ انہیں پر ہے، جو زیادتی کریں لوگوں پر، اور بغاوت پھیلائیں زمین میں ناحق۔ وہی ہیں جن کے لئے دکھ والا عذاب ہے O

۴۳.	اور جس نے صبر کیا، اور بخش دیا، تو بیشک یہ حوصلہ مندی کے کاموں سے ہے O

۴۴.	اور جسے بے راہ رکھے اللہ، تو نہیں اس کا کوئی مددگار اس کے بعد۔ اور دیکھو گے ظالموں کو کہ جہاں دیکھ لیا عذاب کو، تو کہیں گے کہ "کیا واپس جانے کی کوئی راہ ہے O

۴۵.	اور دیکھو گے انہیں کہ پیش کیے جاتے ہیں اسی آگ پر جھکے پڑے، ذلت سے دیکھتے ہیں، چھپی نگاہ سے۔ اور بول پڑے وہ جو ایمان لا چکے تھے کہ "بیشک خسارہ والے وہ ہیں، جنہوں نے

خسارے میں ڈالا خود اپنے کو، اور اپنے والوں کو قیامت کے دن۔''
یاد رکھو کہ بلاشبہ اندھیرا والے ہمیشہ والے عذاب میں ہیں O

۴۶۔   نہ رہے ان کے کچھ دوست کہ مدد کریں ان کی اللہ کے خلاف۔ اور جسے بے راہ رکھے اللہ، تو نہیں ہے اس کے لئے کوئی راہ O

۴۷۔   ''حکم مان لو اپنے رب کا اس سے پہلے کہ آ جائے وہ دن، جس کی واپسی نہیں اللہ کی طرف سے۔ نہیں ہے تمہاری کوئی پناہ گاہ اس دن، اور نہ تمہارا کوئی عذاب روکنے والا O

۴۸۔   تو اگر ان لوگوں نے منہ پھیر لیا، تو ہم نے نہیں بھیجا تمہیں ان کا ذمہ دار نگراں۔ تم پر بس پیغام پہنچا دینا ہے۔ اور بیشک ہم نے جب چکھایا انسان کو اپنی طرف سے رحمت، تو خوش ہو گیا اس سے۔ اور اگر پہنچے انہیں کوئی مصیبت، بسبب اس کے جو پہلے بھیج چکے ان کے ہاتھ، تو بیشک انسان بڑا ناشکرا ہے O

۴۹. اللہ ہی کی ہے بادشاہی آسمانوں اور زمین کی۔ پیدا فرمائے جو چاہے۔ اور دے جسے چاہے بیٹیاں، اور دے جسے چاہے بیٹے O

۵۰. یا جوڑے دے انہیں بیٹے اور بیٹیاں، اور کر دے جسے چاہے بانجھ۔ بیشک وہ علم والا قدرت والا ہے O

۵۱. اور نہیں ہو سکتا کسی بشری صورت والے کے لئے کہ بات کرے اس سے اللہ، مگر خواب و بیداری کی وحی یا پردہ جاہ و جلال سے یا بھیج دے کوئی قاصد، تو وحی پہنچائے اس کے حکم سے جو وہ چاہے۔ بیشک وہ بلندی والا حکمت والا ہے O

۵۲. اور اسی طرح وحی کی جان بھیجی ہم نے تمہاری طرف اپنے حکم سے۔ "تم قیاس نہیں کر سکتے تھے کہ کیا چیز ہے کتاب اللہ، نہ ایمان کا،" لیکن بنا دیا ہم نے اس قرآن کو نور، راہ دیتے ہیں اس سے جسے چاہیں اپنے بندوں سے۔ اور بیشک تم ہدایت دیتے ہو سیدھی راہ کی O

۵۳۔   اللہ کی راہ۔ کہ اسی کا ہے جو کچھ آسمانوں میں ہے اور جو کچھ زمین میں ہے۔ یاد رکھو کہ اللہ کی طرف پھر کر جاتے ہیں سارے کام O

۴۳۔ سورۃ الزخرف

نام سے اللہ کے بڑا مہربان بخشنے والا O

۱۔ حم O

۲۔ قسم ہے روشن کتاب کی O

۳۔ بلاشبہ بنایا ہم نے قرآن کو عربی زبان میں، کہ تم لوگ سمجھ سکو O

۴۔ اور بیشک وہ اصل نوشتہ میں ہمارے پاس، یقیناً بلند رتبہ سراپا حکمت ہے O

۵۔   تو کیا ہم نصیحت کا پہلو پھیر دیں؟ اس پر، کہ تم لوگ حد سے بڑھ جانے والے ہو O

۶۔   اور کتنے بھیجے ہم نے نبی اگلوں میں O

۷۔   اور نہ آتا انہیں کوئی نبی مگر اس کی ہنسی بناتے تھے O

۸۔   تو برباد کر دیا ہم نے ان لوگوں سے زیادہ پکڑ میں سخت لوگوں کو، اور گزر چکا اگلوں کا حال O

۹۔   اور اگر تم نے ان سے پوچھا کہ ''کس نے پیدا کیا آسمانوں اور زمین کو،'' تو ضرور کہہ دیں گے کہ ''پیدا کیا ہے انہیں عزت والے علم والے نے O

۱۰۔   جس نے کر دیا تمہارے لئے زمین کو بستر، اور بنائے تمہارے لئے اس میں راستے، کہ راہ پاؤ O

۱۱۔ اور جس نے اتارا آسمان کی طرف سے پانی ایک اندازے سے، پھر اٹھا کر کھڑا کر دیا ہم نے اس مردہ آبادی کو۔ اسی طرح تم لوگ نکالے جاؤ گے O

۱۲۔ اور جس نے پیدا فرمایا سارے جوڑے، اور بنایا تمہارے لئے کشتیوں اور چوپایوں سے وہ، جن کی سواری کرتے ہو O

۱۳۔ تاکہ جم کر بیٹھو ان کی پیٹھوں پر، پھر یاد کرو اپنے رب کی نعمت کو جہاں ٹھیک بیٹھ چکے تم اس پر، اور کہو کہ "پاکی ہے اس کی جس نے قابو میں کر دیا ہمارے اس کو، اور نہ تھے ہم اس کے بوتے والے O

۱۴۔ اور بیشک ہم اپنے رب کی طرف ضرور لوٹنے والے ہیں O

۱۵۔ اور بنا لیا اس کے لئے اس کے بندوں سے جزء۔ بیشک انسان ضرور کھلا نا شکرا ہے O

۱۶.	کیا اس نے لیا جو مخلوق فرماتا ہے اس سے بیٹیاں، اور چن رکھا ہے تمہارے لئے بیٹے؟ O

۱۷.	حالانکہ جب خوشخبری دیا گیا ان میں کا کوئی، جو خدائے مہربان کے لئے کہاوت بنالی ہے، تو سارا دن اس کا چہرہ کالا ہے اور وہ گھٹتا رہتا ہے O

۱۸.	کیا جس کی نشوونما کی جائے گہنوں میں، اور وہ بحث میں صاف نہ بول سکے O

۱۹.	اور قرار دیا ان لوگوں نے فرشتوں کو، جو خدائے مہربان کے بندے ہیں عورتیں، کیا انہوں نے دیکھی ہے ان کی پیدائش؟ اب لکھ لی جائے گی ان کی گواہی، اور باز پرس کیے جائیں گے O

۲۰.	اور یہ لوگ بولے کہ ''اگر چاہتا خدائے مہربان، تو ہم نہ پوجتے انہیں۔'' نہیں انہیں اس کا کوئی علم۔ یہ لوگ بس اٹکل دوڑاتے ہیں O

۲۱۔ کیا دے رکھی ہے ہم نے انہیں کوئی کتاب اس کے پہلے سے، تو وہ اسی سے دلیل لانے والے ہیں O

۲۲۔ بلکہ وہ تو کہہ چکے کہ "بلاشبہ ہم نے پایا اپنے باپ دادوں کو ایک جمعیت پر، اور بیشک ہم ان کے نقش قدم پر چلنے والے ہیں O

۲۳۔ اور اسی طرح نہیں بھیجا ہم نے تم سے پہلے کسی آبادی میں کوئی ڈرانے والا، مگر کہا کئے اس کے آسودہ لوگ، کہ "ہم نے پایا اپنے باپ دادوں کو ایک جمعیت پر، اور ہم ان کے نشان قدم پر پیچھے پیچھے ہیں O

۲۴۔ انہوں نے جواب دیا کہ "کیا گو ہم لے آئیں تمہارے پاس نہایت بڑی ہدایت اس سے، جس پر پایا تم نے اپنے باپ دادوں کو؟ سب بول کر رہ گئے کہ "ہم سب اس سے، جس کے تم پیغمبر بنائے گئے ہو انکاری ہیں O

۲۵۔   تو بدلہ لیا ہم نے ان سے ، تو دیکھ لو کہ کیسا ہوا انجام جھٹلانے والوں کا O

۲۶۔   اور جب کہ کہا ابراہیم نے اپنے بابا سے اور اپنی قوم سے کہ ''بلاشبہ میں بیزار ہوں اس سے جسے تم لوگ پوجتے ہو O

۲۷۔   مگر وہ جس نے پیدا فرمایا مجھے کہ بلاشبہ وہ راہ دے گا مجھے O

۲۸۔   اور بنا رکھا اسے باقی رہنے والی بات اپنے بعد والوں میں، کہ وہ باز آئیں O

۲۹۔   بلکہ مال و متاع دیا ہم نے انہیں ، اور ان کے باپ دادوں کو، یہاں تک کہ آ گیا ان کے پاس حق، اور صاف صاف بتانے والا رسول O

۳۰۔   اور جب آ گیا ان کے پاس حق، تو بولے کہ ''یہ جادو ہے، اور ہم بیشک اس کے انکاری ہیں O

۳۱. اور بولے کہ "کیوں نہ نازل کیا گیا یہ قرآن کسی بڑے آدمی پر؟ دونوں آبادیوں سے O

۳۲. "کیا یہ لوگ بانٹتے ہیں تمہارے رب کی رحمت کو؟" ہم نے خود بانٹا ہے ان کے درمیان، ان کے سامان زندگی کو دنیاوی زندگی میں، اور اونچا کیا ایک کو دوسرے پر بہت کچھ، تاکہ بنائے رکھیں ایک دوسرے کو دیتا ہوا۔ اور تمہارے رب کی رحمت بہتر ہے اس سے، جو وہ جمع جتھا کرتے رہتے ہیں O

۳۳. اور اگر نہ ہوتی یہ بات کہ داخل ہو جائیں سب لوگ، ایک ہی ان کی جمعیت میں، تو بنا دیتے ہم ان کے لئے جو انکار کریں خدائے مہربان کا، ان کے گھروں کے لئے سونے چاندی کی چھت اور زینے، جس پر چڑھا کرتے O

۳۴. اور ان کے گھروں کے دروازے اور تخت بھی، جس پر تکیہ لگاتے رہیں O

۳۵۔   اور دوسرے سامان آرائش، اور یہ سب محض دنیاوی زندگی کی پونجی ہے، اور آخرت تو تمہارے رب کے یہاں ڈر جانے والوں کے لئے ہے O

۳۶۔   اور جس کو رتوندھی ہو خدائے مہربان کے ذکر سے، تو ہم مسلط کر دیں گے اس کے لئے شیطان کو، تو وہ اس کا ساتھی رہے O

۳۷۔   اور بیشک وہ شیاطین یقیناً روکتے رہتے ہیں انہیں راہ سے، اور یہ سمجھتے ہیں کہ راہ پائے ہوئے ہیں O

۳۸۔   یہاں تک کہ جب آنا پڑا ہمارے پاس، تو کہنے لگے کہ "اے کاش! میرے اور تجھ شیطان کے درمیان پورب پچھم کی دوری ہوتی،" تو کتنا برا ساتھی ہے O

۳۹۔   اور ہرگز کام نہ آئے گا تمہارے اس دن، جب کہ اندھیرے مچا چکے ہو تم، بیشک تم سب عذاب میں شریک ہو O

۴۰.   کیا تم ان بہروں کو سناؤ گے؟ یا ان اندھوں کو راہ دکھاؤ گے؟ اور جو کھلی بے راہی میں ہیں O

۴۱.   تو یا ہم اٹھا لے جائیں تمہیں، پھر ان سے بدلہ لیں O

۴۲.   یا تمہیں بھی دکھا دیں جس کا وعدہ دیا ہم نے ان لوگوں کو، بہرحال ہم ان پر قدرت رکھنے والے ہیں O

۴۳.   تو تم مضبوط پکڑے رہو جو وحی کی گئی تمہاری طرف۔ بیشک تم سیدھی راہ پر ہو O

۴۴.   اور بیشک یہ شرف ہے تمہارا اور تمہاری قوم کے لئے۔ اور جلد تم لوگ پوچھے جاؤ گے O

۴۵.   اور پوچھ لو ان سے جن کو ہم نے بھیجا تم سے پہلے اپنے رسولوں سے کہ کیا قرار دیا تھا ہم نے خدائے رحمن کے خلاف کچھ اور معبود، جسے پوجا کریں O

۴۶۔	اور بیشک بھیجا ہم نے موسیٰ کو اپنی نشانیوں کے ساتھ فرعون اور اس کے سرداروں کی طرف، تو انہوں نے کہا کہ "بلاشبہ میں رسول ہوں رب العالمین کا O

۴۷۔	تو جب لے آئے ان کے پاس ہماری نشانیاں، اب وہ اس سے ہنس رہے ہیں O

۴۸۔	اور نہیں دکھاتے ہم انہیں کوئی نشانی، مگر یہ بڑی ہوتی پہلی سے۔ اور گرفتار کیا ہم نے انہیں دکھ میں، کہ توبہ کر ڈالیں O

۴۹۔	اور وہ سب بولے کہ "اے جادوگر، دعا کر دو ہمارے لئے اپنے رب سے وسیلہ سے، اس کے جو عہد رکھا ہے تمہارے پاس۔ بیشک ہم راہ پر آ جانے والے ہیں O

۵۰۔	پھر جب دور کر دیا ہم نے ان سے عذاب کو، اب وہ عہد شکنی کر رہے ہیں O

۵۱. اور پکار لگائی فرعون نے اپنی قوم میں، بولا کہ "اے قوم! کیا نہیں ہے میرے لئے مصر کی شاہی اور یہ نہریں؟ بہتی رہتی ہیں میرے نیچے۔ تو کیا تم لوگ نہیں دیکھا کرتے؟ O

۵۲. یا میں ہی بہتر ہوں اس سے جو ذلیل ہے۔ اور بات صاف کرتا معلوم نہیں ہوتا O

۵۳. تو کیوں نہیں ڈال دیئے گئے ان پر سونے کے کنگن؟ یا آتے اس کے ساتھ فرشتے مددگار؟ ہر وقت کے ساتھی O

۵۴. تو اس نے بنا دیا کم سمجھ اپنی قوم کو، تو سب نے کہا مانا اس کا، بیشک وہ نافرمان لوگ تھے O

۵۵. تو جب وہ لوگ غضب میں لے آئے ہم کو، تو بدلہ لیا ہم نے، چنانچہ ڈبو دیا ہم نے ان سب کو O

۵۶. تو کر دیا ہم نے انہیں پرانی کہانی، اور ضرب المثل پچھلوں کے لئے O

۵۷.	اور جب ضرب المثل بنائی گئی ابن مریم کی، تو اس وقت تمہاری قوم کے لوگ اس سے کھلکھلاتے ہیں O

۵۸.	اور بولے کہ ''ہمارے معبود بہتر ہیں'' کہ وہ نہیں کہاوت بولے ان کی تم سے، مگر ہٹ دھرمی کو۔ بلکہ وہ لوگ جھگڑالو ہیں O

۵۹.	نہیں ہیں وہ ابن مریم، مگر ایک بندہ، جن پر انعام فرمایا ہم نے، اور کر دیا انہیں ایک مثال، بنی اسرائیل کے لئے O

۶۰.	اور اگر ہم چاہے ہوتے، تو بناتے تمہاری جگہ فرشتوں کو زمین میں، کہ رہا کرتے O

۶۱.	اور بیشک وہ ابن مریم، یقیناً علامات قیامت سے ہیں، تو ہر گز شک نہ کرنا قیامت میں۔ ''اور پیچھے پیچھے تم لوگ رہو میرے، یہ سیدھا راستہ ہے O

۶۲.	اور نہ روک لے تمہیں شیطان۔ بیشک وہ تمہارا کھلا دشمن ہے O

۶۳.   اور جب لائے عیسیٰ روشن دلیلیں، بولے کہ "بلاشبہ میں لایا ہوں تمہارے پاس حکمت، اور تاکہ بیان کر دوں تمہیں کچھ وہ، جس میں تم لوگ جھگڑتے ہو، تو اللہ کو ڈرو اور میرا کہا مانو O

۶۴.   بیشک اللہ ہی میرا رب، اور تمہارا پالنے والا ہے، تو پوجو اس کو۔ یہ سیدھا راستہ ہے O

۶۵.   پھر کئی ٹولیاں ہو گئیں ان کی۔ تو ہلاکی ہے ان کی جنہوں نے اندھیر مچایا، دردناک دن کے عذاب سے O

۶۶.   کس کا انتظار کرتے، مگر قیامت کا۔ کہ آ جائے ان پر اچانک، اور وہ بےخبر ہیں O

۶۷.   سارے گہرے دوست اس دن ایک دوسرے کے دشمن ہیں، مگر اللہ سے ڈر جانے والے O

۶۸.   مخاطبین اس کے کہ "اے میرے بندو! نہ تم پر کوئی ڈر ہے آج، اور نہ تم رنجیدہ ہو O

۶۹.	جو مان گئے تھے ہماری آیتوں کو، اور مسلمان تھے O

۷۰.	داخل ہو جنت میں، تم اور تمہاری بیبیاں، تم لوگ خوش کئے جاؤ گے O

۷۱.	دور چلایا جائے گا ان پر سونے کے پیالوں اور ساغروں کا۔ اور اس میں ہے جس چیز کو چاہے ان کا جی، اور مزہ لیں آنکھیں۔ "اور تم اس میں ہمیشہ رہنے والے ہو O

۷۲.	"اور یہ جنت ہے، جس کے وارث تم بنائے گئے، بسبب ان اعمال کے جو کرتے تھے O

۷۳.	تمہارے لئے اس میں میوہ ہے بکثرت، کہ ان میں سے کھاؤ گے O

۷۴.	بلا شبہ مجرم کفر لوگ، جہنم کے عذاب میں ہمیشہ پڑے رہنے والے ہیں O

۷۵. نہیں تخفیف کی جائے گی ان سے ، اور وہ اس میں بے آس ہیں O

۷۶. اور ہم نے زیادتی نہیں فرمائی ان پر، لیکن وہ خود ہی ظالم تھے O

۷۷. اور پکار مچائی انہوں نے کہ ''اے مالک! مار ڈالے ہمیں تمہارا رب،'' اس نے جواب دیا کہ ''تم لوگ اسی طرح ہمیشہ رہنے والے ہو O

۷۸. بیشک لائے ہم تمہارے پاس حق، لیکن تمہارے بہتیرے حق سے ناگواری رکھنے والے ہیں O

۷۹. کیا انہوں نے قطعی طے کر لیا ہے کسی امر کو، تو بلاشبہ ہم بھی قطعی طے کر لینے والے ہیں O

۸۰. کیا خیال کرتے ہیں کہ ''ہم نہیں سنتے ان کے راز کو، اور ان کے باہمی مشورہ کو؟'' کیوں نہیں! حالانکہ ہمارے قاصد ان کے پاس لکھتے رہتے ہیں O

۸۱. کہہ دو کہ ''اگر ہوتا خدائے رحمن کے لئے بچہ، تو میں ہوتا سب سے پہلا پجاری O

۸۲. پاکی ہے آسمانوں اور زمین کے رب، عرش والے کی، اس سے جو یہ بتاتے ہیں O

۸۳. تو چھوڑو انہیں، کہ بکتے رہیں اور کھیلا کریں، یہاں تک کہ پا جائیں اپنے اس دن کو، جس کا وعدہ دیئے گئے ہیں O

۸۴. اور وہی ہے جو آسمان میں معبود، اور زمین میں بھی معبود۔ اور وہی حکمت والا علم والا ہے O

۸۵۔   اور بڑا با برکت ہے وہ، جس کی شاہی آسمانوں اور زمین اور ان کے درمیان میں ہے۔ اور اسی کے پاس ہے قیامت کا علم۔ اور اسی کی طرف تم لوٹائے جاؤ گے O

۸۶۔   اور نہیں اختیار رکھتے، جن کی یہ لوگ دہائی دیتے ہیں اللہ کے خلاف سفارش کی، مگر جس نے گواہی دی حق کی، اور وہ علم رکھتے ہیں O

۸۷۔   اور اگر پوچھ لیا تم نے کہ "کس نے پیدا کیا انہیں،" تو ضرور جواب دیں گے کہ "اللہ،" "تو کہاں اوندھائے جاتے ہیں O

۸۸۔   قسم ہے آنحضرت کے اس قول کی کہ "پروردگار! یہ لوگ نہیں مانتے O

۸۹۔   تو درگزر کرو ان سے، اور کہو کہ "میرا تو سلام ہے،" کہ جلد ہی وہ لوگ جان جائیں گے O

۴۴۔ سورۃ الدخان

نام سے اللہ کے بڑا مہربان بخشنے والا O

۱۔   حم O

۲۔   قسم ہے روشن کتاب کی O

۳۔   کہ بیشک نازل فرمایا اسے مبارک رات میں، بیشک ہم ہیں ڈرانے والے O

۴۔   اسی وقت میں تقسیم کر دیا جاتا ہے ہر حکمت والا حکم O

۵۔   ہماری طرف سے حکم۔ بیشک ہم بھیجنے والے ہیں O

۶. رحمت تمہاری رب کی طرف سے۔ بیشک وہی سننے والا جاننے والا ہےO

۷. پالنے والا آسمانوں اور زمین اور ان کے درمیان جو کچھ ہے سب کا... اگر تم یقین کروO

۸. نہیں ہے کوئی پوجنے کے قابل، سوا اس کے، وہ جلاتا ہے اور مارتا ہے۔ تمہارا رب، اور تمہارے اگلے باپ دادوں کا ربO

۹. بلکہ وہ شک میں پڑے کھیل رہے ہیںO

۱۰. تو انتظار کرو اس دن کا، کہ لے آئے گا آسمان دھواں دکھائی پڑنے والاO

۱۱. چھا جائے گا لوگوں پر۔ یہ ہے دکھ والا عذابO

۱۲. "پروردگار! دور کر دے ہم سے اس عذاب کو، بیشک ہم مانے لیتے ہیںO

۱۳۔   انہیں کہاں نصیحت ماننا، حالانکہ آیا ان کے پاس رسول،

صاف صاف بتانے والا O

۱۴۔   پھر وہ پھر گئے اس سے، اور بولے کہ "سکھایا ہوا پاگل

ہے O

۱۵۔   بیشک ہم ہٹائے دیتے ہیں عذاب کو کچھ دن کے لیے بلاشبہ

تم پھر یہی کرنے والے ہو O

۱۶۔   جس دن پکڑیں گے ہم بہت بڑی پکڑ، تو بیشک ہم بدلہ لے

لینے والے ہیں O

۱۷۔   اور بیشک آزمایا ہم نے ان سے پہلے فرعونیوں کو، اور آیا

ان کے پاس ایک رسول مکرم O

۱۸۔   کہ "دے دو مجھے اللہ کے بندوں کو، یقیناً میں تمہارا امانت

دار رسول ہوں O

۱۹.	اور یہ کہ ڈینگ کی نہ لو اللہ پر۔ بیشک میں لے آیا ہوں تمہارے پاس روشن سند O

۲۰.	اور میں نے پناہ لے لی ہے اپنے رب اور تمہارے پالنے والے کی، کہ تم سنگسار کر سکو مجھے O

۲۱.	اور اگر تم لوگوں نے نہ مانا مجھے، تو مجھ سے دور رہو O

۲۲.	پھر عرض کیا اپنے رب سے کہ "بلاشبہ یہ لوگ جرائم پیشہ ہیں O

۲۳.	تو نکال لے جاؤ میرے سب بندوں کو راتوں رات، کہ ضرور تم لوگ پیچھا کیئے جاؤ گے O

۲۴.	اور چھوڑ رکھو دریا کو کھلی کھلی راہ، کہ بیشک وہ لوگ لشکر والے ڈبو دیئے جائیں گے O

۲۵.	کتنے چھوڑے انہوں نے باغ اور چشمے O

۲۶.	اور کھیتیاں اور شاندار گھر O

۲۷. اور نعمت جس میں رہتے تھے خوش خوش O

۲۸. ایسا ہی ہوا... اور وارث بنایا ہم نے اس کا دوسرے لوگوں کو O

۲۹. تو نہ رویا ان پر آسمان و زمین، اور نہ مہلت دی گئی انہیں O

۳۰. اور بیشک بچا لیا ہم نے بنی اسرائیل کو ذلیل عذاب سے O

۳۱. فرعون کی طرف سے، بیشک وہ تھا ڈینگ مارنے والا، حد سے بڑھ جانے والوں سے O

۳۲. اور بیشک چنا ہم نے انہیں جان کر سارے اہل زمانہ پر O

۳۳. اور دیں ہم نے انہیں نشانیاں جس میں کھلا ہوا انعامی امتحان ہے O

۳۴. بیشک یہ لوگ کہتے ہیں O

۳۵. کہ ''نہیں ہے مگر یہی پہلی موت ہماری، اور نہیں ہیں ہم اٹھائے جانے والے O

۳۶.	تو لے آؤ ہمارے باپ دادوں کو اگر سچے ہو O

۳۷.	کیا یہ لوگ بہتر ہیں کہ تبع، شاہ یمن کی قوم، اور جو ان سے پہلے ہوئے؟'' ہم نے برباد کر دیا انہیں، کہ وہ لوگ مجرم تھے O

۳۸.	اور نہیں پیدا فرمایا ہم نے آسمانوں اور زمین اور جو ان کے درمیان ہے کھیلتے ہوئے O

۳۹.	نہیں پیدا فرمایا ہم نے انہیں، مگر بالکل ٹھیک، لیکن ان کے بہتیرے نہیں جانتے O

۴۰.	بیشک فیصلہ کا دن، ان سب کا مقرر شدہ وقت ہے O

۴۱.	جس دن نہ کام آئے گا دوست کسی دوست کے کچھ، اور نہ وہ مدد کیے جائیں گے O

۴۲.	مگر جس پر رحم فرمایا اللہ نے۔ بیشک وہی عزت والا رحم والا ہے O

۴۳.	بیشک تھوہڑ کا درخت O

۴۴. گنہگار کی غذا ہے O

۴۵. جیسے پگھلا تانبا۔ جوش مارے گا پیٹوں میں O

۴۶. جیسے کھولتے پانی کا جوش O

۴۷. پکڑو اس کو، پھر گھسیٹو اس کو، ٹھیک جہنم کی طرف O

۴۸. پھر ڈالو اس کے سر پر کھولتے پانی کا عذاب O

۴۹. چکھ۔ کیا کہنا ہے، "تو ہی عزت والا بزرگ ہے O

۵۰. بیشک یہ ہے، جس میں تم شک کرتے تھے O

۵۱. بلاشبہ ڈرنے والے امن و امان کی جگہ میں ہیں O

۵۲. باغوں اور چشموں میں O

۵۳. پہنیں گے ریشمی کپڑے نرم اور دبیز، آمنے سامنے بیٹھے O

۵۴. ایسا ہی ہے ... اور بیاہ دیا ہم نے انہیں بڑی بڑی آنکھوں والی گوریوں سے O

۵۵۔ طلب کریں گے اس میں ہر قسم کا میوہ امن و امان سے O

۵۶۔ نہ چکھیں گے اس میں موت، سوا پہلی موت کے۔ اور بچا لیا انہیں جہنم کے عذاب سے O

۵۷۔ فضل ہے تمہارے رب کی طرف سے۔ یہی ہے بڑی کامیابی O

۵۸۔ تو بس ہم نے آسان کر دیا اس قرآن کو تمہاری زبان میں، کہ وہ نصیحت پکڑیں O

۵۹۔ تو انتظار کرتے رہو، وہ بھی انتظار کرنے والے ہیں O

۴۵۔ سورۃ الجاثیۃ

نام سے اللہ کے بڑا مہربان بخشنے والا O

۱۔　　حم O

۲۔　　اتارنا کتاب کا ہے عزت والے حکمت والے اللہ کی طرف سے O

۳۔　　بیشک آسمانوں اور زمین میں یقیناً نشانیاں ہیں ماننے والوں کے لئے O

۴۔　　اور تمہاری پیدائش میں، اور جو کچھ پھیلا رکھا ہے جانور، نشانیاں ہیں ان کے لئے جو یقین کریں O

۵. اور رات اور دن کے الٹ پھیر میں، اور جو کچھ اتارا اللہ نے آسمان کی طرف سے روزی کا سامان، پھر زندہ فرما دیا اس سے زمین کو اس کے مر چکنے کے بعد، اور ہواؤں کے چل پھر میں، نشانیاں ان کے لئے جو عقل رکھیں O

٦. یہ ہیں اللہ کی آیتیں، کہ تلاوت فرماتے ہیں جنہیں تم پر، بالکل حق۔ تو 'کس بات کو اللہ اور اس کی آیتوں کے بعد مانیں گے؟ O

۷. ہلاکی ہے ہر بہتان والے گنہگار کی O

۸. کہ سنتا ہے اللہ کی آیتیں جو پڑھی جاتی ہیں اس پر، پھر بھی اڑا رہتا ہے بڑا بنتا ہوا، گویا سنا ہی نہیں اسے، تو پیشین گوئی سنا دو اسے دکھ والے عذاب کی O

۹. اور جب آگاہ ہوا ہماری آیتوں سے کچھ پر، تو بنا لیا اسے ٹھٹھا۔ انہیں کے لئے ہے ذلیل کرنے والا عذاب O

۱۰. ان کے پیچھے جہنم ہے۔ اور کام نہ آئے گا ان کے جو انہوں نے کمایا ہے کچھ بھی، اور نہ جس کو بنا رکھا ہے اللہ کے خلاف مددگار۔ اور انہیں کے لئے بڑا عذاب ہے O

۱۱. یہ ہدایت ہے۔ اور جنہوں نے انکار کر دیا اپنے رب کی آیتوں کا، انہیں کے لئے سختی سے دردناک عذاب ہے O

۱۲. اللہ ہے جس نے قابو میں کر دیا تمہارے دریا کو، تاکہ چلیں پھریں کشتیاں اس میں اس کے حکم سے، اور تاکہ تلاش کرتے رہو اس کا فضل، اور کہ شکر ادا کرتے رہو O

۱۳. اور قابو میں کر دیا تمہارے جو کچھ آسمانوں اور زمین میں ہے سب اپنی طرف سے۔ بیشک اس میں یقیناً نشانیاں ہیں ان کے لئے جو سوچیں O

۱۴.   سمجھا دو انہیں جو ایمان لا چکے کہ "ابھی درگزر کرتے رہیں انہیں، جو امید نہیں رکھتے اللہ کے دنوں کی، تاکہ بدلہ دے قوم کو جو کماتے تھے O

۱۵.   جس نے کیا نیک کام، تو اپنے بھلے کو۔ اور جس نے کیا برا کام، تو اپنے برے کو۔ پھر تم لوگ اپنے رب کی طرف لوٹائے جاؤ گے O

۱۶.   اور بیشک دی ہم نے بنی اسرائیل کو کتاب و حکمت و نبوت، اور روزی دی انہیں پاکیزہ، اور بزرگی دی ہم نے تمام اہل زمانہ پر O

۱۷.   اور دی ہم نے انہیں صاف صاف باتیں امر دین کی۔ تو نہیں پھوٹے، مگر بعد اس کے کہ آچکا ان کے پاس علم، باہمی بڑھ چڑھ کی ہوس سے۔ بیشک تمہارا رب فیصلہ فرمائے گا ان کے درمیان قیامت کے دن، جس جس چیز میں فرقہ بندی کرتے تھے O

۱۸۔ پھر کر دیا ہم نے تمہیں ایک کھلی راہ پر امر دین کے، تو چلتے رہو اسی راہ، اور مت چلو ان کی خواہشوں پر جو علم ہی نہیں رکھتے O

۱۹۔ بیشک وہ نہ بچا سکیں گے تمہیں اللہ سے کچھ بھی۔ اور بیشک اندھیر والے ایک دوسرے کے دوست ہیں، اور اللہ اپنے ڈرنے والوں کا دوست ہے O

۲۰۔ یہ قرآن آنکھیں کھول دینے والی باتیں ہیں لوگوں کی، اور ہدایت و رحمت ہے ان کے لئے جو یقین پائیں O

۲۱۔ کیا گمان کر لیا ہے جنہوں نے کی ہیں برائیاں کہ "کر دیں گے ہم انہیں جیسے، وہ ہیں جو ایمان لائے اور لیاقت کے کام کئے، برابر برابر ان کی زندگی اور ان کی موت۔" کیسا برا فیصلہ کرتے ہیں O

۲۲۔ اور پیدا فرمایا اللہ نے آسمانوں اور زمین کو بالکل حق، اور تاکہ بدلہ دیا جائے ہر ایک، جو اس نے کما رکھا ہے اور وہ ظلم نہ کئے جائیں O

۲۳. ذرا دیکھو تو! جس نے بنا لیا اپنا معبود اپنی خواہش کو، اور گمراہ رکھا اس کو اللہ نے علم کے ہوتے، اور مہر لگا دی اس کے کان، اور اس کے دل پر، اور ڈال دیا اس کی آنکھ پر پردہ۔ تو کون راہ دے اسے اللہ کے بعد، تم کیا تم لوگ سوچ سے کام نہیں لیتے؟ O

۲۴. اور وہ لوگ بولے کہ ''نہیں ہے مگر ہماری یہی زندگی دنیاوی، کہ مرتے جیتے رہتے ہیں، اور انہیں ختم کرتا ہمیں مگر زمانہ۔'' اور انہیں اس کا کچھ علم نہیں۔ بس وہ گمان دوڑاتے پھرتے ہیں O

۲۵. اور جب تلاوت کی جاتی ہیں ان پر ہماری روشن آیتیں، تو نہیں رہتی کٹ حجتی ان کی، مگر یہ کہ بول پڑے کہ ''لاؤ ہمارے باپ دادوں کو اگر سچے ہو O

۲۶.	کہہ دو کہ ''اللہ زندگی دے تمہیں، پھر موت دے تمہیں، پھر اکٹھا کرے گا تمہیں قیامت کے دن،، جس میں کوئی شک نہیں،'' لیکن بہتیرے لوگ علم ہی نہیں رکھتے O

۲۷.	اور اللہ کی ہے شاہی آسمانوں اور زمین کی۔ اور جس دن قیامت کھڑی ہوگی، خسارے میں رہیں گے باطل والے O

۲۸.	اور دیکھو گے ہر امت کو زانو کے بل گری پڑی... ہر امت بلائی جائے گی اپنے نامہ اعمال کی طرف کہ ''آج کے دن بدلہ دئیے جاؤ گے جو کچھ کرتے تھے O

۲۹.	یہ ہے ہمارا دفتر جو بول رہا ہے تم پر بالکل ٹھیک۔ بلاشبہ ہم درج کرتے تھے جو کچھ تم کیا کرتے تھے O

۳۰.	تو جس نے ایمان قبول کرلیا تھا اور کرنے کے کام کیے تھے، تو انہیں داخل فرمائے گا ان کا رب اپنی رحمت میں، یہی ہے روشن کامیابی، O

۳۱.　اور جنھوں نے انکار کیا تھا... تو سنیں گے کہ "کیا نہیں پڑھی
جاتی تھیں میری آیتیں تم پر؟ تو غرور کرتے تھے تم،" اور تم جرائم
پیشہ تھے O

۳۲.　اور جب کہا گیا کہ "اللہ کا وعدہ حق ہے، اور قیامت میں کوئی
شک نہیں،" تو تم کہتے تھے کہ "ہمارے قیاس میں نہیں آتا، کہ کیا
ہے قیامت۔ ہمارا خیال ہے کہ بس وہ خیال ہی خیال ہے اور ہم
یقین کرنے والے نہیں O

۳۳.　اور ظاہر ہو گئیں انہیں برائیاں اس کی جو کرتوت کیے تھے،
اور گھیر لیا انہیں اس عذاب نے جس کا ٹھٹھا کرتے تھے O

۳۴.　اور حکم دیا گیا کہ "آج ہم تمہیں بھولا جیسا قرار دیں گے، جس
طرح تم بھولے تھے اپنے اس دن کے ملنے کو، اور تمہارا ٹھکانہ آگ
ہے، اور نہیں ہے تمہارا کوئی مددگار O

۳۵. یہ اس لئے کہ بلاشبہ بنا رکھا تھا تم نے اللہ کی آیتوں کو مذاق،
اور دھوکہ دیا تھا تمہیں دنیاوی زندگی نے، ''تو آج کے دن نہ نکالے
جائیں گے وہ اس سے، اور نہ وہ رضامند کیئے جائیں گے O

۳۶. تو اللہ ہی کے لئے حمد ہے، پالنے والا آسمانوں کا اور پالنے
والا زمین کا، پالنے والا سارے جہان کا O

۳۷. اور اسی کے لئے ہے بڑائی آسمانوں اور زمین میں۔ اور وہی
عزت والا حکمت والا ہے O

۴۶۔ سورۃ الأحقاف

نام سے اللہ کے بڑا مہربان بخشنے والاO

۱. حمO

۲. اتارنا کتاب کا عزت والے حکمت والے اللہ کی طرف سے
ہےO

۳. نہیں پیدا فرمایا ہم نے آسمانوں اور زمین اور ان کے
درمیان کی چیزوں کو مگر حق، اور مدت مقررہ کے لئے۔ اور جنہوں
نے کفر اختیار کیا اس سے جس سے ڈرائے گئے ہیں، رو گرداں
ہیںO

۴.　کہہ دو کہ ''ذرا بتاؤ تو کہ جس کی دہائی دیتے ہو اللہ کے خلاف، دکھا تو دو مجھے کیا پیدا کیا انہوں نے کچھ زمین سے، یا ان کا کچھ بھی حصہ ہے آسمانوں میں۔ لاؤ میرے پاس کوئی کتاب اس سے پہلے کی، یا کوئی روایت اگلوں کا بچا بچایا علم، اگر سچے ہو O

۵.　اور اس سے زیادہ کون بے راہ ہے، جو دہائی دے اللہ کے خلاف والوں کی جو نہ کہنا کرے اس کا قیامت تک، اور وہ ان کی دہائی سے نرے بیخبر ہیں O

۶.　اور جب حشر میں لائے گئے لوگ، تو ہو گئے ان کے دشمن، اور ہو گئے ان کی پوجا پاٹ سے منکر O

۷.　اور جب تلاوت کی جاتی ہیں ان پر ہماری روشن آیتیں، بولے جنہوں نے انکار کر دیا حق کا جب کہ آچکا ان کے پاس کہ ''یہ کھلا ہوا جادو ہے O

۸.	یا بک دیتے ہیں کہ "گڑھ لیا ہے اس کو"، جواب دو کہ "اگر میں نے گڑھ لیا ہوتا اسے، تو تم بھی سکت نہیں رکھتے میری بھلائی کی اللہ کے آگے کچھ۔ وہ خوب جانتا ہے جس میں تم پڑے رہتے ہو۔ کافی گواہ ہے وہ میرے درمیان اور تمہارے درمیان۔ اور وہی غفور رحیم ہے O

۹.	اعلان کر دو کہ "نہیں ہوں میں کچھ بدعت رسولوں کی جماعت سے، اور نہ میں اٹکل لگاؤں کہ کیا کیا جائے گا میرے ساتھ اور تمہارے ساتھ۔ میں بتانے میں نہیں پیروی کرتا مگر اس کی جس کی وحی کی جاتی ہے میری طرف، اور میں کھلا کھلا ڈر سنانے والا ہی ہوں O

۱۰.	کہہ دو کہ "کیا تم نے انجام پر نظر کر لی ہے، اگر یہ کتاب اللہ کی طرف سے ہوئی، اور تم لوگوں نے انکار کر رکھا ہے اس کا، اور گواہی دے دی ایک اسرائیلی گواہ نے ایسی کتاب پر، پھر ایمان کا اعلان کر

دیا، اور تم بڑائی کی ڈینگ لیتے رہے۔ بیشک اللہ نہیں راہ دیتا اندھیر مچانے والوں کو O

۱۱. اور بولے جنھوں نے کفر کیا ہے ان کے لئے جو ایمان لا چکے ہیں کہ ''اگر یہ بہتر ہوتا، تو یہ ہم سے پہلے نہ پہنچتے اس کی طرف''۔ اور جب کہ راہ نہ پائی اس کی، تو اب کہیں گے کہ ''پرانی گڑھت ہے O

۱۲. اور اس کے پہلے موسیٰ کی کتاب، رہنما اور رحمت۔ اور یہ کتاب تصدیق فرمانے والی ہے زبان عربی میں، تاکہ ڈر سنا دے انہیں جو اندھیر مچایا کیے۔ اور خوشخبری احسان والوں کے لئے O

۱۳. بیشک جو قائل ہو گئے کہ ہمارا رب اللہ ہے، پھر اس پر جم گئے، تو نہ کوئی ڈر ہے انہیں، اور نہ ہی وہ رنجیدہ ہوتے ہیں O

۱۴. وہ لوگ جنتی ہیں، ہمیشہ رہنے والے اس میں، ثواب اس کا جو عمل کرتے تھے O

۱۵۔   اور تاکید فرمائی ہم نے انسان کو اپنے ماں باپ کے ساتھ احسان کی۔ پیٹ میں رکھا اس کی ماں نے مشقت سے، اور جنا اسے درد سے۔ اور پیٹ میں رہنے اور دودھ چھڑانے کا زمانہ تیس مہینہ ہے۔ یہاں تک کہ جب پہنچا اپنے زور کو، اور ہو گیا چالیس سال کا، دعا کی کہ "پروردگار! میرے دل میں اتار دے کہ شکر کرتا رہوں تیری نعمت کا، جو انعام فرمایا تو نے مجھ پر، اور میرے ماں باپ پر، اور یہ کہ کرتا رہوں قابلیت کے کام جس سے تو خوش رہے۔ اور قابلیت رکھ میرے لئے میری اولاد میں۔ بیشک میں رجوع لایا تیری طرف، اور بیشک میں مسلمان ہوں O

۱۶۔   یہ ہیں کہ قبول فرما لیں گے ہم ان سے جو خوب کام کئے انہوں نے، اور در گزر کر دیں گے ان کی خامیوں سے جنتیوں میں، سچ کا وعدہ جو انہیں دیا جاتا تھا O

۱۷۔   اور جس کسی نے کہا اپنے ماں باپ سے کہ "تف ہے تم پر، کیا تم دونوں وعدہ دیتے ہو مجھے کہ نکالا جاؤں گا، حالانکہ گزر چکیں قومیں

مجھ سے پہلے''۔ اور وہ دونوں فریاد کرتے ہیں اللہ سے کہ ''تجھ پر افسوس ہے، مان جا کہ بیشک اللہ کا وعدہ ٹھیک ہے''۔ تو وہ جواب دیتا ہے کہ ''یہ نہیں ہیں مگر اگلوں کی کہانیاں O

۱۸.   یہی ہے کہ درست ہوگئی جن پر وہ بات ان جمعیتوں میں، کہ جو پہلے گزر چکیں، جنات و انسان کی۔ بیشک وہ گھاٹے والے تھے O

۱۹.   اور ہر ایک کے درجے ہیں اس عمل سے جو انہوں نے کیا، اور تاکہ بھرپور دے انہیں اللہ ان کے اعمال کو، اور وہ ظلم نہ کئے جائیں گے O

۲۰.   اور جس دن کہ پیش کئے جائیں گے کافر لوگ آگ پر کہ ''ختم کر چکے تم اپنی اچھی چیزوں کو اپنی دنیاوی زندگی میں، اور مزے لوٹے ان کے۔ اب آج کے دن بدلہ دئیے جاؤ گے تم ذلت کا عذاب جو بڑے بنا کرتے تھے تم زمین میں ناحق، اور جو نافرمانی کرتے تھے O

۲۱.　اور یاد کرو عاد کی برادری والے کو، جب کہ ڈر سنایا تھا اپنی قوم کو وادی احقاق میں، اور بیشک گزر چکے تھے بہت سے ڈر سنانے والے ان کے پہلے اور بعد میں کہ "مت پوجو سوا اللہ کے، بیشک میں ڈرتا ہوں تم پر بڑے دن کے عذاب کو O

۲۲.　سب بولے کہ "کیا آئے ہو تم ہمارے پاس تاکہ باز رکھو ہمیں ہمارے معبودوں سے، تو لے ہی آؤ جس کا وعدہ دیتے ہو ہمیں اگر سچے ہو O

۲۳.　جواب دیا کہ "اس کا علم اللہ کو ہے۔ اور میں پیغام سنائے دیتا ہوں تمہیں جس کے ساتھ بھیجا گیا ہوں، لیکن میں دیکھ رہا ہوں تمہیں کہ جہالت کر رہے ہو O

۲۴.　پھر جب دیکھ لیا ان سب نے اس عذاب کو کہ ابر آتا ہوا سامنے سے ان کی وادیوں کی طرف، بولے کہ "یہ ابر ہے برسنے والا

ہم پر، '''' بلکہ وہ وہی ہے جس کی جلدی مچائی تھی تم نے۔ ہوا ہے جس
میں دکھ والا عذاب ہے O

۲۵. الٹ پلٹ دیتی ہے ہر چیز کو اپنے رب کے حکم سے''۔
اب صبح کی انہوں نے کہ نظر نہیں آتے مگر ان کے گھر۔ اسی طرح
سزا دیتے ہیں ہم مجرموں کو O

۲۶. اور بیشک مقدرت والا کیا تھا ہم نے انہیں اس میں جس میں
تمہیں مقدرت نہیں دی، اور بنایا تھا ان کے بھی کان اور آنکھیں اور
دل۔ پھر بھی نہ کام آئے ان کے ان کے کان اور نہ ان کی آنکھیں
اور نہ ان کے دل کچھ، کیونکہ وہ انکار کیا کرتے تھے اللہ کی آیتوں کا،
اور گھیر لیا انہیں جس کی ہنسی اڑایا کرتے تھے O

۲۷. اور بیشک برباد فرما دیا ہم نے جو تمہارے اردگرد کی آبادیاں
ہیں، اور بار بار پھیرتے رہے اپنی نشانیاں کہ توبہ کرلیں O

۲۸.	تو کیوں نہ مدد کی ان کی انہوں نے جن کو بنا رکھا تھا اللہ کے خلاف قرب الٰہی کے لئے معبود۔ بلکہ وہ کھسک گئے ان سے، اور یہ ان کا گڑھا جھوٹ، اور وہ ہے جو تاویلیں بنایا کرتے تھے O

۲۹.	اور جب کہ ہم پھیر کر لائے تیرے پاس چند جنات کو کہ سنیں قرآن کو، تو جب وہ حاضر ہوئے وہاں، بولے کہ "خاموش رہو"۔ پھر جب ختم کر دیا گیا، پھرے اپنی قوم کی طرف ڈر سنانے والے O

۳۰.	سب بولے کہ "اے ہماری قوم! بیشک ہم سن آئے ایک کتاب کو جو اتاری گئی ہے موسیٰ کے بعد تصدیق کرتی ہوئی اپنی اگلی کی، راہ بتاتی ہے حق کی طرف، اور سیدھے راستہ کی طرف O

۳۱.	اے ہماری قوم! کہا مان لو اللہ کے داعی کا، اور اس کو مان جاؤ کہ وہ بخش دے تمہیں، یعنی تمہارے گناہوں کو، اور بچا لے تمہیں دکھ والے عذاب سے O

۳۲.   اور جس نے کہا نہ مانا اللہ کے داعی کا، تو وہ نہیں ہے بے قابو کر دینے والا زمین میں، اور نہیں اس کا اللہ کے خلاف کوئی مددگار۔ وہ لوگ کھلی بے راہی میں ہیں O

۳۳.   کیا انہوں نے نہیں دیکھا کہ بیشک اللہ، جس نے پیدا فرمایا آسمانوں اور زمین کو، اور نہیں تھکا ان کے پیدا کرنے میں، قدرت رکھتا ہے اس پر کہ جلا دے مردوں کو، کیوں نہیں۔ بیشک وہ ہر چاہے پر قدرت والا ہے O

۳۴.   اور جس دن پیش کیئے جائیں گے جنہوں نے کفر کیا تھا آگ پر۔ کہ "کیا نہیں ہے یہ بالکل حق؟" انہیں بولنا پڑا کہ "کیوں نہیں" اپنے رب کی قسم"۔ فرمان ہوا کہ "اب چکھو عذاب۔ جو انکار کیا کرتے تھے O

۳۵.   تو تم صبر کرتے رہو جس طرح ہمت والے رسولوں نے صبر کیا، اور مت جلدی کرو ان کے لیئے جس دن وہ دیکھ لیں گے جس کا وعدہ کیا جاتا ہے، تو وہ لوگ گویا کہ نہیں ٹھہرے تھے مگر گھڑی بھر دن

کو۔ یہ پیغام رسانی ہے۔ تو نہیں ہلاک کیئے جائیں گے مگر نافرمان لوگO

۴۷۔ سورۃ محمد

نام سے اللہ کے بڑا مہربان بخشنے والاO

ا.   جنہوں نے کفر کیا، اور روکتے رہے اللہ کی راہ سے، اللہ نے
غارت کر دیا ان کے عملوں کوO

۲.   اور جو ایمان لائے، اور نیکیاں کیں، اور مان گئے جو اتارا گیا
ہے مجھ پر، اور وہی بالکل ٹھیک ہے ان کے رب کی طرف سے، تو
اتار دیا اللہ نے ان سے ان کی برائیوں کو، اور درست فرما دیا ان کے
حال کوO

۳.   یہ اس لئے کہ جنہوں نے کفر اختیار کیا انہوں نے پیروی کی
باطل کی، اور بلاشبہ جو ایمان لائے انہوں نے پیروی کی اپنے رب کی

طرف سے آئے ہوئے حق کی۔ اسی طرح ان کے ضرب المثل فرماتا ہے اللہ، لوگوں کے لئے O

۴۔ تو جب مڈبھیڑ ہوگئی تمہاری ان سے جنہوں نے کفر کیا ہے، تو گردن پر مار دینا ہے۔ یہاں تک کہ جب خوب کاٹ کر رکھ دیا تم نے، گرفتاروں کو باندھو مضبوط۔ اب، یا احسان کر دینا ہے اس کے بعد یا فدیہ لے کر چھوڑنا ہے، یہاں تک کہ رکھ دے جنگ اپنے ہتھیاروں کو... حکم یہی ہے۔ اور اگر چاہتا اللہ! تو خود بدلہ لے لیتا ان سے، لیکن تاکہ آزمائے تمہارے ایک کو دوسرے سے۔ اور جو مارے گئے اللہ کی راہ میں، تو نہ اکارت کرے گا اللہ ان کے عملوں کو O

۵۔ جلد راہ دے گا انہیں اور درست فرما دے گا ان کا حال O

۶۔ اور داخل فرمائے گا انہیں جنت میں، جس کی پہچان کرا دی ہے انہیں O

۷۔ اے ایمان والو! اگر مدد کرو گے تم دین الٰہی کی، تو مدد فرمائے گا وہ تمہاری، اور ثابت قدم کر دے گا تمہیں O

۸۔ اور جنہوں نے کفر کیا، تو وہ تباہ ہوں، اور غارت کر دیا ان کے عملوں کو O

۹۔ یہ اس لئے کہ ناگوار رکھا انہوں نے جو کچھ اتارا اللہ نے، تو اس نے ملیا میٹ کر دیا ان کے عملوں کو O

۱۰۔ تو کیا نہیں سیر کی زمین میں؟ کہ دیکھیں کہ کیسا رہا انجام ان کا جو ان لوگوں کے پہلے ہوئے؟ تباہی ڈال دی اللہ نے ان پر، اور ان کافروں کے لئے بھی اسی طرح ہونا ہے O

۱۱۔ یہ اس لئے کہ بلاشبہ اللہ مولیٰ ہے ان کا جو ایمان لائے، اور یقیناً کافروں کا کوئی مولیٰ نہیں O

۱۲۔ بیشک اللہ داخل فرمائے گا انہیں جو ایمان لائے اور نیکیاں کیں، باغوں میں، جن کے نیچے نہریں بہتی ہیں۔ اور جنہوں نے کفر

کیا، وہ رہتے سہتے ہیں اور کھاتے رہتے ہیں جس طرح کھاتے ہیں
چوپائے، اور آگ ٹھکانہ ہے ان کاO

۱۳۔ اور کتنی آبادیاں ہیں زیادہ زوردار تمہاری اس آبادی سے
جس نے تم کو باہر کردیا، کہ برباد کردیا ہم نے انہیں، تو نہ رہا کوئی مددگار
ان کاO

۱۴۔ تو کیا جو ہو روشن دلیل پر اپنے رب کی طرف سے، ایسا ہے
جیسا وہ جس کی نگاہ میں بھلی کردی گئی اس کی بدکرداری؟ اور پیروی کی
اپنی خواہشوں کیO

۱۵۔ جنت کی صورت، جس کا وعدہ دیئے گئے ہیں اللہ سے ڈرنے
والے، یہ ہے کہ اس میں نہریں ہیں ایسے پانی کی جو خراب ہونے والا
نہیں۔ اور نہریں دودھ کی کہ جس کا ذائقہ نہیں بدلا۔ اور نہریں ہیں
شراب کی مزہ دار پینے والوں کے لئے... اور نہریں ہیں صاف کئے
ہوئے شہد کی۔ اور ان کے لئے اس میں ہر طرح کے پھل ہیں، اور
مغفرت ہے ان کے رب کی طرف سے۔ کیا یہ ان کی طرح ہیں، جو

ہمیشہ رہنے والا ہے آگ میں؟ اور پلائے گئے کھولتا پانی، تو اس نے ٹکڑے کر دیئے ان کی آنتوں کے O

۱۶. اور ان کے بعض ہیں کہ کان رکھتے ہیں تمہاری طرف، یہاں تک کہ جب نکلے تمہارے پاس سے، بولے انہیں جو علم دیئے گئے ہیں، کہ "کیا کہا تھا اس نے ابھی"... وہی لوگ ہیں کہ چھاپ لگا دی اللہ نے ان کے دلوں پر، اور پیروی کی انہوں نے اپنی خواہشوں کی O

۱۷. اور جنہوں نے ہدایت پائی، بڑھا دی اللہ نے ان کی ہدایت، اور دیا انہیں اپنا خوف O

۱۸. تو کس کا انتظار کر رہے ہیں یہ کافر لوگ؟ مگر قیامت کا، کہ آ جائے ان پر اچانک۔ تو بلاشبہ آ چکی ہیں اس کی علامتیں۔ تو کہاں رہے گا ان کا سمجھ جانا جب قیامت ہی آ گئی ان پر O

۱۹۔   تو جان رکھو کہ بلا شبہ نہیں ہے کوئی پوجنے کے قابل سوا اللہ کے، اور مغفرت چاہو اپنوں کی اور ایمان والے مردوں اور عورتوں کی۔ اور اللہ جانتا ہے تمہارے چل پھر کو اور تمہارے ٹھکانہ لینے کو O

۲۰۔   اور کہتے ہیں وہ جو ایمان لا چکے کہ ''کیوں نہیں نازل کی جاتی کوئی سورت؟'' پھر جب اتاری گئی کوئی کھلی صاف سورت، اور ذکر کیا گیا اس میں جہاد کا۔ تو دیکھ چکے ہو تم انہیں جن کے دلوں میں بیماری ہے، کہ دیکھتے رہ جاتے ہیں تمہاری طرف، موت کی بے ہوشی والوں کی طرح۔ تو اولیٰ ہے ان کے لئے O

۲۱۔   فرمانبرداری اور اچھی بولی... پھر جب حکم ناطق ہو گیا... تو اگر سچے رہتے اللہ سے، تو ہوتا بہتر ان کے لئے O

۲۲۔   تو کیا یہ ہونہار ہے کہ ''اگر تم نے حکومت پالی، تو فساد مچاتے پھرو زمین میں، اور کاٹتے رہو اپنے رشتوں کو؟'' O

۲۳.	یہی فسادی ہیں جنہیں پھٹکار دیا اللہ نے، تو بہرا کر دیا انہیں اور پھوڑ دیا ان کی آنکھوں کو O

۲۴.	تو کیا نہیں سوچا کرتے قرآن کو؟ یا ان کے دلوں پر ان کے قفل میں O

۲۵.	بیشک جو مرتد ہو گئے بعد اس کے کہ روشن ہو چکی ان کے لئے ہدایت، تو شیطان نے چرکا دے دیا انہیں، اور مہلت کی سجھائی انہیں O

۲۶.	یہ اس لئے کہ وہ بولے انہیں جو ناگوار رکھا کئے اس کو جسے اتارا اللہ نے کہ "اب کہا مانیں گے تمہارا بعض معاملہ میں"، اور اللہ جانتا ہے ان کے بھید کو O

۲۷.	تو کیسا ہو گا جہاں روح قبض کی ان کی فرشتوں نے؟ مار رہے ہیں ان کے منہ اور پیٹھوں پر O

۲۸. یہ اس لیئے کہ انہوں نے پیروی کی اس کی جس نے ناراض کر دیا اللہ کو، اور نا گوار جانا اس کی خوشنودی کو، تو اس نے غارت کر دیا ان کے اعمال کوO

۲۹. کیا گمان کر لیا ہے انہوں نے جن کے دلوں میں بیماری ہے کہ ''ہر گز نہ ظاہر کرے گا اللہ ان کے چھپے عناد کو؟O

۳۰. اور اگر ہم چاہیں تو دکھا دیں تمہیں ان کو۔ اب تو یقیناً تم پہچان چکے انہیں ان کی صورت سے۔ اور یقیناً پہچانتے رہو گے انہیں بات چیت کے انداز سے۔ اور اللہ جانتا ہے تمہارے اعمال کوO

۳۱. اور یقیناً ہم آزمائیں گے تم سب کو، یہاں تک کہ ہم پہنچوا دیں تمہارے جہاد والوں اور صبر والوں کو، اور جانچ لیں تمہارے دعووں کوO

۳۲. بیشک جس نے کفر کیا اور روکتا رہا اللہ کی راہ سے اور ضد باندھی رسول کی، بعد اس کے کہ روشن ہو چکی ان کے لیئے ہدایت، نہ

بگاڑ سکیں گے اللہ کا کچھ۔ اور جلد اکارت کر دے گا ان کے اعمال کو O

۳۳.   اے ایمان والو! کہا مانتے رہو اللہ کا، اور کہا مانتے رہو رسول کا، اور نہ برباد کر ڈالو اپنے اعمال کو O

۳۴.   بیشک جنہوں نے کفر کیا، اور روکا اللہ کی راہ سے، پھر مر گئے، اور وہ کافر ہی ہیں، تو ہر گز نہ بخشے گا اللہ انہیں O

۳۵.   تو تم اپنے کو کمزور نہ جانو کہ دعوت دینے لگو صلح کی، حالانکہ تم ہی اونچے ہو، اور اللہ تمہارے ساتھ ہے، اور وہ ہر گز کمی نہ کرے گا تم سے تمہارے اعمال میں O

۳۶.   دنیاوی زندگی بس کھیل کود ہے۔ اور اگر ایمان لاؤ اور خدا سے ڈرو، تو دے گا تمہیں تمہارے ثوابوں کو، اور نہ مانگ لے گا تمہارا سارا مال O

۳۷.   اگر مانگ لے تم سے وہ، پھر بے انداز طلب کرے، تو بخل کرنے لگو گے O

۳۸.   اور یہ بخل ظاہر کر دے گا تمہاری بد نیتوں کو۔ یاد رکھو کہ "یہ تم لوگ بلائے جاتے ہو کہ خرچ کرو اللہ کی راہ میں"، تو کوئی تمہارا ہے کہ بخل کرے۔ اور جو بخل کرے، تو وہ بخیلی کرتا ہے اپنے حق میں۔ اور اللہ تو بے نیاز ہے، اور تم لوگ اس کے حاجت مند ہو۔ اور اگر تم لوگ رو گردانی کرو، تو وہ بدل لے گا دوسری قوم کو تمہارے سوا، پھر وہ نہ ہوں گے تمہاری طرح O

***